来自德国的问候
预祝您拥有一个美好假期!

亲爱的读者:

或许您会问自己,为何您买了一本德国而非本国制作的旅行指南?但请放心,您已经为此做出了一个正确而又明智的选择。

在2012年中国取得全球旅行冠军之前,该头衔一直被德国保持。对于德国这样一个"小国家"来说,这是令人惊叹的!原因可能是,自1950年开始,旅行的梦想对于广大的德国人来说开始变得更为现实。因此,梅尔杜蒙在与北京出版集团的合作中茁壮成长。

"梅尔杜蒙"的故事是冒险的旅程到成为家族的旅三代,现由创始人的孙女继今的"梅尔杜蒙"已是欧洲品牌。

一个了不起的故事,从充满行事业,直至今天已传承续领航这一成功之旅。如旅游产品领域遥遥领先的

手握这样一本旅行指南,您可以高枕无忧。请您相信,无论您要去的是世界的哪个地方,梅尔杜蒙近百年的专业经验以及适合中国旅行者的本土化信息,都可以帮您更精确地了解旅行目的地。

请您开始一段全新的奇遇之旅吧!

这本书会是一个随时陪伴您的伙伴,预祝您有一段充满新的发现和希望的完美旅程!

中国作者
阿拉蕾

环球旅行家、摄影师、作家、全球自驾女司机。即游走大众景点，也探访小众秘境。拍摄风景、了解人文、挖掘故事。曾在美国生活，英文流利，善与各国人沟通，认为旅行不应该仅仅是走马观花，更应是一种融入当地的体验。

马可·波罗联合执笔者
玛蒂娜·米特西
（Martina Miethig）

玛蒂娜·米特西在1994年就已经造访过柬埔寨。作为一名训练有素的记者、作家和东南亚问题专家，她从那时候就开始对这个当时还在进行内战的国家进行报道，而现在的报道（几乎）都围绕着鸡尾酒和烹饪课，以及国家的快速发展。玛蒂娜·米特西对柬埔寨人的热情和季风中令人陶醉的氛围赞誉有加（@ www.GeckoStories.com）。

梅尔杜蒙的故事

希尔德（Hilde）和库尔特·梅尔（Kurt Mair）是为旅行而生的。早在20世纪20年代第一次世界大战刚刚结束时，他们就驾驶着汽车或者摩托车穿梭在欧洲大陆上。漏气的轮胎、过热的冷却液、失灵的刹车，这些都无法阻挡他们前进的步伐。那时有很多我们今日无法想象的场景，甚至没有一张地图！即使是这样，连撒哈拉大沙漠也无法阻挡梅尔夫妇的冒险之旅。同样他们也会做测绘之旅，这些被探测的路况信息会被精确地整理和保存。第二次世界大战结束后，1948年，库尔特·梅尔成立了公司，路书和地图册是他们的主营产品。库尔特·梅尔离世后，他时年26岁的儿子福尔克马尔·梅尔（Volkmar Mair）继承并领导这个企业，为今天的梅尔杜蒙集团打下了基石，使集团成为一个全球性的媒体集团，其在全球拥有多家办事处，员工380名，年销售额约1亿欧元。

今日的梅尔杜蒙集团不仅仅提供地图，旅行指南、旅行画册、旅行冒险和电子产品构成了集团丰富的产品组合。在中国，梅尔杜蒙与北京出版集团于2014年成立了合资公司，开始服务于中国旅行者日益增长的需求。

柬埔寨

8	欢迎来到柬埔寨
14	当地锦囊
16	体验柬埔寨
	16 免费畅游
	17 本色柬埔寨
	18 雨天游玩
	19 休闲之所
20	潮流之选
22	柬埔寨面孔
26	美食
30	购物
32	海岸/金边
	33 贡布
	37 白马市
	40 金边
	49 西哈努克市

56	吴哥/暹粒
	57 吴哥
	67 马德望
	71 暹粒
82	湄公河沿岸
	83 班隆
	88 桔井
	90 森莫诺隆
	93 上丁

图标

当地锦囊	当地锦囊
★	必游景点
●●●●	体验柬埔寨
⩟	远眺点
🌱	适合环保、生态旅游
(*)	拨打需付费的电话号码

酒店价格

¥¥¥ 超过100美元
¥¥ 40~100美元
¥ 低于40美元

两人间不含早餐。

餐厅价格

¥¥¥ 超过10美元
¥¥ 5~10美元
¥ 低于5美元

一顿包含主菜和配菜,不含饮料。

目录

96 独特体验之旅
- 96 柬埔寨最美之旅
- 101 前往柬埔寨的最南部
- 104 追寻高棉国王的踪迹
- 108 金边老城：从装饰派艺术到新高棉式

112 户外活动

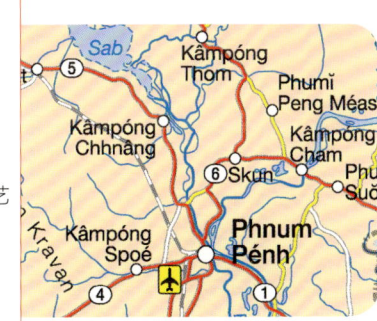

116 带着孩子旅行

118 每月节庆与活动

120 旅行随时查

122 实用信息

128 教你当地话

132 索引

136 禁忌事项

信息检索
历史事件表→P.10
特色美食→P.28
书籍/电影→P.53
飞天女神、林伽和那伽→P.65
真正的旅行→P.110
节庆日→P.119
货币换算→P.123
它们值多少钱→P.124
暹粒天气→P.127

地图标注
（折页A-B2-3）：折页地图上的位置
（折页a-b2-3）：折页地图中附加地图上的位置

欢迎来到柬埔寨

"哪里长有桄榔,哪里就是柬埔寨。"高棉人(柬埔寨旧称高棉)自古就这么说。稻田与棕榈树引人注目的蓬乱树冠覆盖了整个大地,一直延伸到地平线尽头。水牛在泥地里徘徊,它们发呆、反刍,与千年之前并无二致,这仍然是今天柬埔寨的风景。尽管金边现如今越来越现代化,街上有了越来越多的外籍人士,但迎来了卡拉OK、酒吧、按摩院和迪斯科舞厅大爆发的柬埔寨首都,需要片刻重温过去。

  柬埔寨曾经两次定都金边。15世纪30年代,由于不堪忍受暹罗(今泰国)的侵犯,奔哈·亚国王放弃都城吴哥,到金边建都。迁都金边后,奔哈·亚修筑了王宫,建造了6座佛寺,填平了低地,开挖了运河,使金边城初具规模,为后来金边的建设奠定了基础。但由于王室的分裂,至1497年,首都又从金边迁走。其后370年内,柬埔寨的首都几经变动,直到1867年,诺罗敦国王才再次定都金边。

上图:在水稻田里辛勤耕耘的农民

柬埔寨

> 田园风情随处可寻。

离开首都,探索原生态柬埔寨的旅程就开始了。柬埔寨的面积约为18.1万平方千米,大致与中国的广东省相当。沿着颠簸起伏的道路进入偏远的、被世界所遗忘的省份,多年来,这些地方曾被疟疾肆虐、被红色高棉所统治。在无人区浓密的森林深处是腊塔纳基里省古老的高原民族——高棉卢乌族(Khmer Loeu),他们有时举行古老的部落仪式。或者去蒙多基里省人迹罕至的丘陵,那里仍然长有蕴藏各种名贵木材的热带雨林。而西南部440千米长的海岸线是这个国家唯一的海滨胜地,来自世界各地的游客在这里与柬埔寨人一起玩乐。他们在香蕉船上共同冲浪,玩沙滩排球或者在岛屿之间穿梭。

> 寺庙是村庄的中心。

稻田根据季节呈现出亮绿色、棕色或金色,到处是一派田园风光:农夫与农妇在田野里给稻谷脱粒,他们头上缠着方格的高棉布方巾,牙齿和嘴唇因为槟榔汁而呈血红色。1500万柬埔寨国民中,大部分是靠手工劳动维生的农民。在牛车、棚屋、农田等艰苦的条件下,以及债务的压力下,他们艰难地谋生。根据国际货币基金组织2018年的数据,柬埔寨人均GDP在全球190个国家或地区中排名144。除农业(大米、棉花、咖啡、玉米、烟草和橡胶)外,国家的

802年 阇耶跋摩二世(Jayavarman Ⅱ)建立了高棉帝国。

1112—1152年 苏利耶跋摩二世(Suryavarman Ⅱ)建造了吴哥窟。

1863年 柬埔寨王国成为法国的保护国,直到1953年才独立。

1941年 西哈努克继位成为柬埔寨国王。他领导国家于1953年11月9日获得完全独立,备受人民尊崇。

欢迎来到柬埔寨

随着柬埔寨海滩越来越受欢迎,像索圣海滩(Sok San Beach)这样安静的地方越来越少

主要产业还有渔业、纺织业和木材业等,主要出口产品有宝石、黄金、石油和煤炭等。

村庄附近的荷花池中映着宝塔:大约90%的柬埔寨人信奉佛教,但也有许多人信奉万物有灵论或祖先崇拜。现如今,寺庙再次成为村庄的社交与文化中心。村民来到寺庙不仅能寻求心灵上的寄托,还能与街坊邻居话家常。

根据传说,柬埔寨这个国家是由水做成的。湄公河上游是由小溪、小岛和雨林构成的迷宫,每日傍晚,太阳大都会给这里蒙上金色面纱。而在雨季过后,如果您乘坐渔民的长尾船冒险进入这条凶猛的长河,可能会感

> 湄公河乡土气息与罕见的伊河海豚。

2004年 西哈努克国王退位,由他的儿子诺罗敦·西哈莫尼(Norodom Sihamoni)继位。

2012年 柬埔寨太皇西哈努克在北京逝世,享年90岁。

柬埔寨

到害怕,因为当弯曲的树冠周围都有鱼群在游泳时,河岸就看不清了。湄公河畔的集市因为罕见的伊河海豚与独特的乡土魅力而让人印象深刻。柬埔寨人说,湄公河的支流——洞里萨河是世界上唯一会逆流转向的河流。因此该国中部的洞里萨湖会在雨季(5—10月)成为世界上最富饶的捕鱼场之一。而在一些被洪水淹没的乡村,村民会将棚屋盖在水上,以此组成"漂浮"的村庄。

> 见证曾被湮没的发达古文明。

吴哥古迹群(又称"大吴哥")和吴哥窟(又称"小吴哥")是柬埔寨之行的高潮。游客们满怀敬畏地站在历经沧桑的塔楼、大门与亭子前,感受狮子、长蛇、飞天女神(Apsaras)的魅力。它们是古代东南亚第一强国吴哥王朝的见证人,却长眠于国家北部的丛林里,直至19世纪才重见天日。在红色高棉的严重破坏下,古迹又一次陷入沉寂。在很长一段时间里,游客只能在联合国维和士兵的带领下才能安全地参观这些偏远但是震撼人心的遗迹。如今,人们可以乘坐长途大巴或是三轮车来到这里,寺庙前的队伍排成长龙已是见怪不怪了。

这个国家如今让越来越多的游客流连忘返。这片土地上有着如此多的面孔:既有普通人平和的面孔,也有飞天女神的微笑,还有佛陀安详的面容。

马德望的市场人声鼎沸——这里是该国最富饶的地区之一

当地锦囊

从所有的当地锦囊中,我们为您挑选出了15条最棒的旅行建议。

当地锦囊 ▶ 来自吴哥的伴手礼——"拓片"

这些来自吴哥的拓片既便宜又便携,很有柬埔寨特色,非常适合挂在家里。→ **P.31**

当地锦囊 ▶ 古迹与骑行

在人迹罕至的吴哥来一趟大汗淋漓的越野自行车之旅对您的健康大有好处,着实值得一去。→ **P.58**

当地锦囊 ▶ 这里与中国有关

金边的中国之家(Chinese House)有时尚酒吧、派对和画廊。→ **P.45**

当地锦囊 ▶ 放松身心

躺在吊床上望着海景放松一下——西哈努克市(Sihanoukville)特梅岛(Kho Tmei)上唯一的度假村是由两个德国人开办的。这里还饲养了许多宠物。→ **P.55**

当地锦囊 ▶ 当一回鲁滨孙

享受孤独:在偏远的达盖岛(Koh Ta Kiev)和高龙撒冷岛(Koh Rong Samleon)上住一晚如何?→ **P.50**

当地锦囊 ▶ 热闹的马戏团

包括孤儿和流浪儿在内的儿童,被培训成为小丑、魔术师。他们创作自己的节目,并顺利上学。→ **P.68**

当地锦囊 ▶ 像高棉人一样旅行

将柴油发动机装在竹架上——竹子火车就完成了,这是世界上最原始的火车。→ **P.68**

当地锦囊 ▶ 在"老上海"品尝佳酿

置身于老上海的氛围中与来自暹粒(Siem Reap)的黄小姐(Miss Wong)享受鸡尾酒和葡萄酒。→ **P.78**

当地推荐 ▶ 河流中央的派对岛

湄公河中央的荣岛（Koh Trong）是一个有着田园风情的热带岛屿。岛上有高脚屋、棕榈树、小马车和宾馆。在这里住一晚，去深入了解高棉人日渐消逝的传统生活方式吧！ → P.88

当地推荐 ▶ 西拉（Shiraz）葡萄与热带琼浆

如果您想感受柬埔寨的热带雨林风情，请造访位于马德望（Battambang）的柬埔寨唯一酒厂。 → P.71

当地推荐 ▶ 生态旅游

戈公市（Koh Kong）与豆蔻山脉（Cardamom Berge）间保存完好的红树林，以及河流与滩涂散发着原生态的独特魅力。 → P.54

当地推荐 ▶ 遇见大象

大象在蒙多基里省的河边悠闲地进食、洗澡。您可以近距离观察这种庞然大物。 → P.92

当地推荐 ▶ 与佛陀相伴直到日落

在湄公河与公河（Tonle Kong）旁的通然水庙（Wat Thom Raing Sey）一边听佛陀的信徒们吟诵巴利经文，一边欣赏迷人的日落。 → P.94

当地推荐 ▶ 千年不坏

根据柬埔寨神话，一条那伽蛇缠绕在横跨赤肯河（Chikreng River）的宾帕多拱桥（Bogenbrücke Speam Prap Tos）上。 → P.107

当地推荐 ▶ 登上最高峰

从贡布（Kampot）到磅德拉（Kampong Trach）再到磅湛（Kampong Cham），沿着喀斯特岩石享受攀岩带来的快感——攀岩迷的首选线路。 → P.115

体验柬埔寨

免费畅游
既省钱,又能发现新事物

省钱有道

- **湄公河送水节(Bon Om Touk)**
  在雨季尾声的送水节,一切活动都围绕着充沛的河水展开。您会为金边各帆船赛的参赛者们(如图)加油喝彩吗?人们可以免费观赛。→ **P.118**

- **在监护下游玩**
  游乐园通常需要门票,但您可以带孩子到金边的博登寺游乐园(Wat Bodum Playground),让他们在监护下随心所欲地玩耍。→ **P.116**

- **遮天蔽日的蝙蝠**
  花钱参观动物园只能看到被圈养的动物,您不需要花一分钱就可以在这里领略到成千上万的蝙蝠离开三破山(Phnom Sampeau)洞穴时遮天蔽日的壮观景象。→ **P.71**

- **从毛毛虫到高贵的丝绸**
  您可以在暹粒吴哥艺术学校(Artisans D'Angkor)的工作室中免费参观从桑树种植到养蚕再到丝织的完整过程。→ **P.75**

- **免费观察伊河海豚**
  在桔井(Kratie)的岸边观察罕见的伊河海豚:为此您不仅需要一副好的双筒望远镜,还需要好运,但不需要为此租船。
  → **P.89**

- **体验寺庙氛围**
  您可以免费参观桔井的桑播客寺(Wat Sambok)和桑波寺(Wat Sambour),着装要得体。→ **P.89**、**P.90**

- **在王宫前晨练**
  省下健身房的开支,日出时在金边王宫前与晨练者切磋,和他们一起做健美操、打羽毛球和太极拳。→ **P.40**

本色柬埔寨
不容错过的特色体验

● **用途多样的格纹布**
　　格子图案的百搭高棉围巾几乎在全国各地都能看到，您可以在金边热闹的中央市场（Phsar Thmay）买到它。→ **P.43**

● **无可争议的地标**
　　没有什么比吴哥古迹群里最大且最有特色的建筑——世界闻名的吴哥窟更适合作为柬埔寨的象征了，在柬埔寨无论是纸币上、国旗上还是啤酒瓶上都有它的图案。→ **P.60**

● **美味小吃**
　　您可以品尝街边小吃，如内姆（Nhem，夹在蕉叶中的生鱼）或者炸蜘蛛（Tarantein），但不是所有人都受得了。所有夜市和上丁省（Stung Treng）的街头摊位的食物都仅需几美元（如图）。→ **P.94**

● **柬埔寨民俗入门**
　　暹粒的柬埔寨文化村（Cambodian Cultural Village）能让您领略柬埔寨人的民俗：从可以入内参观的房屋模型到婚礼仪式再到出家、剃度……→ **P.72**

● **乘船游览拉姆萨尔湿地（Ramsar Wetlands）**
　　雨季过后，您可以乘坐长尾船摇曳在上丁省北部的湄公河上，欣赏无尽且错综复杂的小溪、岛屿和雨林，体味这个孤独、广阔的世界。→ **P.95**

● **寄宿家庭——感受典型的柬埔寨人生活**
　　您可以在塔磅桑克渔业社区（Trapaing Sangke Fishing Community）尝试捕鱼，并体验当地家庭的典型生活。→ **P.110**

本地特色

雨天游玩
下雨天，也美妙

● 拜访玉佛寺
这是柬埔寨最神圣的地方，也是金边最受游客欢迎的景点。玉佛寺（Silber Pagode）到处都闪耀着珠宝和抛光大理石的光辉。→ **P.41**

● 在电影院中转换心情
即便外面的季风再怎么咆哮，也不妨碍您沉浸在电影艺术中：这一切都在西哈努克市的顶级猫影院（Kino Top Cat）里成为可能。您可以在享用冰激凌、爆米花的同时，沉浸在杜比环绕音效电影里。→ **P.52**

● 欣赏来自吴哥王朝的文物
在金边的国家博物馆，您可以欣赏到吴哥古迹中最精华的文物，而那些在遗迹里展示的展品通常只是复制品。→ **P.40**

● 季风下的露天盛宴
大雨让洞里萨河的水位漫至街道。这时您可以在宝霞金边泰坦尼克餐厅（Bopha Phnom Penh Titanic Restaurant）舒适地享受美食，还能够顺便看到下面奔流的河水。→ **P.42**

● 纪念品爱好者的天堂
时间在暹粒的旧市场（Phsar Chas）飞快流逝。如果逛遍了这里上百个摊位也没找到您要的纪念品，那就晚上继续去夜市吧。→ **P.74**

● 在莱佛士酒店享受下午茶
暹粒吴哥莱佛士大酒店（Raffles Grand Hotel d'Angkor）的暖房咖啡屋（Café The Conservatory）是在下雨的午后享受下午茶的理想场所，在这里您可以窝在沙发里聆听钢琴曲。→ **P.80**

下雨时分

休闲之所
深呼吸，尽情享受，忘记烦恼

● **通过按摩涅槃重生**

令人愉悦的香味、柔和的音乐、温暖的油、温柔的双手：来自暹粒缅栀子水疗（Frangipani Spa）的专业团队知道如何让您紧张的肌肉、隐隐作痛的脚和压力重重的灵魂放松下来。➔ **P.76**

● **闲适的乘船之旅**

在暹粒附近宽广的洞里萨湖（Tonle Sap）上乘坐观光船远观高脚屋，一览当地人平静的日常。➔ **P.81**

● **骑着大象行走在瀑布间**

在腊塔纳基里省（Ratanakiri）的班隆（Boung Long）骑一次大象如何？您可以舒适地坐在座篮里从一个瀑布到另一个瀑布，大象大而厚的耳朵可以为您扇风。➔ **P.87**

● **海边酒店难忘的晚餐**

在白马市（Kep）海边的科奈邦查特酒店（Boutiquehotel Knai Bang Chatt）享用完烛光晚餐后，您可以把自己埋在沙发里，享受鸡尾酒、星空和海浪声。➔ **P.39**

● **甲板上的日光浴和宁静的岛屿**

在西哈努克沙滩上的岛屿世界（Inselwelt）上船，品尝厨师烹饪的美味，在甲板上享受日光浴。把船开到偏远的岛屿，您在那里几乎可以独享整个海滩。➔ **P.50**

● **乘三轮车去旅行**

乘坐三轮车悠闲地从金边的一个景点逛到另一个景点。➔ **P.44**

● **享受鱼疗**

"让我们来吻您的脚吧"，把一切都交给"鱼博士"——淡红墨头鱼（Garra Rufa Fischlein）。这里尤其适合在您拜访完神庙后造访（如图）。➔ **P.76**

放松身心

潮流之选

① 时尚街

潮流 240号街是金边的时尚之都。这里有设计师伊丽莎白·凯斯勒（Elizabeth Kiesler）和她总部位于纽约的精品店流浪（Wanderlust， 🏠 21 Street 240），还有法布里齐奥·萨特（Fabrizio Sartor）与他的红金（Oro Rosso， 🏠 75 Street 240）。🌱可口特杰（KeoK'jay， @ www.tonle-au.com，如图1）在金边的实体店位于110号街的拐角，西索瓦码头（Sisowath Quay）处，而她在暹粒酒吧街（Pub Street）后面的小巷里还有一家店，该品牌使用环保材料。

高棉好声音

复兴 "金边猫王"辛·西萨姆（Sinn Sisamouth）和"金嗓歌后"罗瑟蕾·索西娅（Ros Serey Sothea）的热门歌曲正在被这个国家的年轻音乐家重新诠释。嘻哈界新秀击掌亚汉茨（Klap YaHandz， @ soundcloud.com/klapyahandz，如图2）将传统歌曲与流行音乐结合在一起，珀梁（Pou Khlaing， @ www.myspace.com/poukhlaingmusic）用高棉语唱Rap，并在国际上取得成功。如果您想体验这种混合音乐，请造访沙尔基酒吧（Sharky's Bar， 🏠 126 Street 130， Phnom Penh）。

③ 潜水

水下世界 对苏巴国度（Scuba Nation， 🏠 im Mohachai Guesthouse, Serendipity Beach Road, Sihanoukville，如图3）来说，以破坏生态为代价潜水从来就不是选项。这所口号是"探索、保护、观察"的潜水学

柬埔寨有许多新鲜事物等待您去探索。

校提供潜水课程。此外，他们还参与海床清理工作。您可以在瑞姆国家公园（Ream-Nationalpark）生态潜水（Eco Sea Dive）的引导下（@ www.ecosea.com）和潜水员一起潜水，位于珍宝海滩路（Serendipity Beach Road）。

非营利餐馆

非常可口 无论是西餐还是亚洲美食，您都可以在暹粒的🌱萨拉拜（Sala Bai，🏠155 Taphul Road）品尝到。餐厅由一个非政府组织运营，目标是培训来自贫困家庭的年轻人。流浪儿童可以在🌱朋友餐厅（Friends）获得改变人生的机会，他们在这里学习如何制作小吃和咖喱，了解怎样为顾客提供服务以及如何经营餐厅。对非政府组织米斯桑兰（Mith Samlanh）来说，朋友餐厅的成功是可以复制的，在隔壁（🏠215 Street 13，Phnom Penh）还有一家🌱朋友餐厅。保罗杜卢比学校（Paul Dubrule Schule，🏠暹粒机场路）也为饮食业的新人提供了培训机会。这里还为顾客提供受法餐影响的柬埔寨菜，菜单时常更新。

在柬埔寨过圣诞

全球庆祝 在全球化时代，圣诞节（以及其他西方习俗）来到了柬埔寨。尽管这里很少有人真正了解它的宗教含义，但与其相关的各种符号在12月下旬的柬埔寨随处可见，而且也很受柬埔寨人的欢迎：三轮车司机戴着圣诞帽，塑料圣诞树在中央市场码成一排，纪念品商店里悬挂着针织的圣诞老人玩偶，酒店大堂里飘扬着悦耳的铃声，甚至在西哈努克市的大街上，还有人造雪景，而处于热带的柬埔寨，最低气温在圣诞节时也有30℃。

上图：塔山寺（Wat Phnom）前面的僧侣

柬埔寨面孔

佛教

巴利文诵经声从宝塔中穿透而出。女佛教徒盘腿而坐，双手交叉于胸前。线香的烟雾将虔诚之心传达给佛祖。为了赎罪以结束转世轮回，信徒们尝试在现世时奉行佛教教义，并向寺院或僧侣捐赠香油钱，但最重要的是对生命有无限的耐心、慈悲和宽容。祖先崇拜和万物有灵论也融入了柬埔寨佛教。许多年轻人会作为见习僧侣短期出家。佛教徒也积极帮助国家重建：40 000名僧侣在农村尝试通过小额信贷帮助农民与贫穷抗争。他们还致力于培养同胞们的医疗健康意识，促进环境保护和传统文化的发展。

高棉微笑

柬埔寨建国于公元1世纪，中国史籍称之为"扶南国"，后于6世纪被一分支真腊消灭。公元802年，阇耶跋摩二世建立吴哥王朝，至1181年阇耶跋摩七世时发展至顶峰。1432年，暹罗（今泰国）入侵，王朝被迫

高棉人是一个历经磨难的民族——对佛教的信仰和相信繁荣昌盛的未来使他们更加坚强。

迁都,走向衰落。定都吴哥时期,国王们大兴土木,建造王城及600余座大小寺庙,景象颇为壮观。从吴哥窟的浮雕中可以看出生活的乐趣和痛苦,这些浮雕已然描绘了高棉人的历史:飞天女神面带高深莫测的高棉式微笑;一些浮雕仍带有内战留下的弹孔,旁边是关于酷刑和战乱的浮雕。在全国各地您都可以看见这个微笑:在湄公河畔贫穷的渔村里,在加麦兰乐团的音乐家脸上,或在一个巫师召唤神灵的时候。当庆祝他们的节日时,高棉人的微笑比其他任何时候更加灿烂。

柬埔寨

西哈努克与西哈莫尼

2004年,西哈努克国王因健康原因退位,其子西哈莫尼继位。西哈莫尼自小对艺术有着强烈兴趣,曾是一名芭蕾舞演员,还曾学习过拍摄电影。他从1993年起担任柬埔寨驻联合国教科文组织代表,继位前夕才辞职。这位未婚的文艺爱好者被认为是最合适的王位继承人。他的父亲西哈努克是当代历史上叱咤风云的人物,拥有一切至关重要的崇高品格。他带领柬埔寨走向完全独立,反对霸权主义。有关西哈努克的电影、书籍和私人记录可参见 @ www.norodomsihanouk.info

动植物

这个深受战争和地雷之害的国家,仍有约2/3的地区被森林覆盖,拥有真正的天然宝藏。然而,为了从腰果和橡胶树种植园获利,对森林的非法砍伐正夜以继日地进行着。海岸边对生态意义重大的红树林也正遭受着养虾场的威胁。柬埔寨最后的丛林中,一些稀有的或被认为已经灭绝的物种幸存了下来,如长鬃山羊、褐鹿、马来熊、一些珍稀猴种、巨蜥以及国宝柬埔寨野牛。鹈鹕、苍鹭、鸬鹚和其他水鸟在洞里萨湖和湄公河不停地捕食,它们的"菜单"上有1 300种鱼类,比世界上绝大多数地方都多。湄公河里还栖息着珍稀动物伊河海豚(详见P.89)。

大米

柬埔寨人说到"吃",指的就是"吃米饭"。吴哥国王仅通过广泛的稻米耕种及巧妙的灌溉技术,就足以养活他的帝国。棋盘一般的稻田对于农民来说可不算是能静下心来欣赏的风景:播种前,种子必须先发芽,秧苗被插在潮湿的土壤里,在土里它们在恒定的水位下生长,平均3~6个月

柬埔寨境内的野生东南亚虎已不足10只

柬埔寨面孔

就能成熟。稻米在进入米罐之前必须去壳。在柬埔寨,这一系列工作仍多以纯人力进行。

槟榔

您可以轻易地在柬埔寨的街道上发现血红色的斑点,那不是血迹,而是槟榔的汁液。不少柬埔寨人喜爱嚼槟榔,一些老人的嘴唇和牙齿被其染成了深红色。槟榔有令人愉悦的刺激和放松效果,味道有点辛辣,嚼剩下的残渣会被吐出来。然而,这种令人兴奋的消费品会使人上瘾,能引起腹泻,还被世界卫生组织国际癌症研究机构列入一类致癌物名单中。

三轮车

舒适的三轮车活跃在大街上的日子不多了。它们像电影中的慢动作一般缓慢穿行在金边交通混乱的街道上,仿佛一件件古董。1939年从法国引进的三轮车逐渐被电动摩托车、突突车(注:电动自行车或电动三轮车)和越野汽车所取代。金边的 当地信息 三轮车中心(🏠 Street 158 wang @ www.cyclo.org.kh)拥有1 400名成员。搭乘三轮车出行吧!最好中午在支路上乘坐三轮车,这样相对安全一些。

大象与旅游业

无论是在泰国、越南还是柬埔寨,驯养大象通常是一桩有利可图的生意。无数的大象训练营不断拓展着自己的业务:从简单的喂食和抚摸,到大象绘画表演和骑象游览,再到多天的驯象员课程。大象越来越难以获得本该拥有的清静与悠闲。不过,我们可以察觉到变化:第一批旅行社开

人们是这样去谷壳的

始把观看大象表演或类似节目从行程中抹去。

公益旅游

柬埔寨大约有2 000个公益组织。在年轻的游客当中,越来越流行"公益旅游"——志愿服务和旅游的结合体。特别受欢迎的项目有语言教学、援助孤儿院、足球训练和帮助残疾人。但如果没有语言技能和相关背景知识(甚至是关于柬埔寨的礼仪知识),是无法轻易成行的。感兴趣的人应当谨慎一些,尤其是当您置身于一个提前索要大额管理费和住宿费的不透明组织时。conCERT Cambodia(社区、环境和相关旅游业联络中心 @ www.concertcambodia.org)会提供各个领域内相应援助机构的相关信息。

美 食

  有些人认为以下这些"黑暗料理"体现了高棉人的饮食习惯：煎鼠、烤蝗虫、烤蜘蛛和甲虫、酸蚁蛋和直接从蛋里取出的鸡胚……

  别担心，大米和鲜鱼才是柬埔寨人的主食。在过去的几百年中，邻国为丰富柬埔寨的菜单做出了贡献。泰国贡献了充分研磨的咖喱，中国贡献了汤面，越南人带去了他们的春卷。法国殖民者也留下了法式面包（num pang），里面有用鸡蛋、黄瓜或沙丁鱼做的馅，这种美味的面包通常被作为零食。

  柬埔寨人喜欢把富含蛋白质的鱼做成零食，大多使用熏、炸、煎、烤4种烹饪方式。许多高棉人早餐吃num banh choc（一种加了面条的鱼汤）或kuei tiou（加牛肉、鸡肉或猪肉的汤面）。

  素食者可以试试蔬菜汤面（Kuei Tiou Bun Lai），可惜这种食物在乡村渐渐快餐化了，希望这种趋势不会继续发展下去。

  人们可以在餐厅里点肉类或家

咖喱、春卷和法式面包——邻国和殖民者影响了柬埔寨的菜式。

禽类菜品，丰俭由人。河边或海岸上当然会有新鲜的海鲜。小春卷适合作为前菜——油炸或将面饼放在桌子上，加入胡萝卜和蘑菇之类的蔬菜配料，再卷起来。将卷心菜、蘑菇、玉米和竹芽在锅中短暂翻炒，便可做出一道素菜。每顿饭总会配一道汤（samlor），可选择加鸡肉（moan）、牛肉（sa-ich koa）或猪肉（sa-ich chrouk）。柬埔寨的沙拉与生菜沙拉完全不同，是用生牛肉和香菜，或未成熟的杧果加熏过的鱼虾做成的。

制作咖喱（kari）的第一步是把柠檬草、辣椒、大蒜和姜在研钵里捣碎，然后在炒锅里将蔬菜和肉类置于

柬埔寨

特色美食

椰汁咖喱（Amok）——椰奶加鱼或鸡肉，配大蒜、生姜、柠檬草、辣椒和姜黄，放在一个用香蕉叶做的小篮子里或在半个椰子里（左图）。

贡布胡椒蟹（Kampot Pepper Crab）——螃蟹配世界上最好吃的绿胡椒。

咖喱椰奶鸡（Kari Baitongh Saich）——绿咖喱鸡配椰奶汁。

腌牛肉（Loc Lac）——牛肉配大蒜和洋葱，泡在柠檬汁里，通常放在沙拉叶中。

春卷（Naim）——用不同的蔬菜填充作馅（右图）。

油炸春卷（Num Chaio）——加碎肉馅和蔬菜，用热油烹炸。

香蕉花沙拉（Nyoum Trayong Chek）——通常加鸡肉、柠檬汁、泰国罗勒和花生粒。

鱼糕（Prahet Trey Chean）——用鱼肉、蔬菜和柠檬草做的小油炸丸，配蘸酱可作为一道美味的开胃菜。

煎牛肉（Saich Koa Char Spee Khieu）——生牛肉片在炒锅里煎，加洋葱、大蒜和花椰菜，置于多汁的酱油中。

蔬菜汤（Samlor Kako）——通常加红薯、豆类、南瓜，用柠檬草、姜黄和鱼酱调味，也可选择加鱼或鸡肉。

酸虾清汤（Samlor Macho Boang Koang）——受泰国冬阴功汤启发的酸虾清汤，用柠檬草、香菜和泰国罗勒调味，也可做成鸡汤（samlor Macho Saich Moan）。

椰奶中烹调。您是无法从颜色辨别其辣度的，例如红咖喱其实是清淡的，而且比较甜（红色来自mkak籽）。此外，红薯在柬埔寨也属于咖喱的原料之一。一些经常使用到的调料有：香菜、薄荷、柠檬叶、八角、罗望子、芋头。

柬式火锅非常受欢迎，用的是陶瓷锅，汤底有香料和药材，煮得越久，味道越清甜，与中式小火锅不尽相同。

柬埔寨人可以用大米做出各种美食，比如柬式竹筒饭，是将糯米、椰

美食

市集上的美食

汁和甜味黑豆盛在竹筒里烘烤而成。另外，请别忘了品尝杧果、红毛丹、火龙果、山竹、木瓜、菠萝等水果。

　　柬埔寨的咖啡馆里通常供应黑浓咖啡或加了甜炼乳的咖啡。许多餐馆免费提供茶水，只要您在店里坐下就可以喝茶。您也可以随时在路边品尝一杯果汁（Toek kalok，但请避过蛋黄），或者选择鲜榨甘蔗汁，用麦秆制成的吸管从塑料包装袋里喝。当您口渴时，不要去找那些随处可见的摆满芬达瓶的街边小摊——他们卖的是汽油。当地的酒精饮料有吴哥啤酒（Angkor Bier）和棕榈酒（Toek thnaout，一种用糖棕榈发酵的酸甜果汁）。在游客中心当然还有苏打饮料、葡萄酒、西式啤酒、威士忌、伏特加等酒水。您要在无数提供各国菜肴的餐馆之间做出选择：从比萨到蒸肉丸再到寿司，任君挑选。柬埔寨人偏爱"油炸昆虫大餐"，如果您可以接受，不妨一试。

　　此外，柬埔寨和泰国一样，主要用勺子和叉子用餐。只有吃汤面时才会使用筷子。Angchean Tchnang（祝您胃口大开）！

29

购 物

在回程航班时您可能得考虑一下行李超重的问题:柬埔寨的手工艺品和纪念品种类繁多,特别是在暹粒和金边。在市场上购物时可以讨价还价,但不要忘记微笑!在清晨或即将打烊之前,商贩会开出优惠价。许多商店的收益会捐给人道主义项目或直接捐给生产货物的村庄。拜林省(Pailin)周边地区的宝石,只能由真正的鉴赏家来检验——有太多价格很高的玻璃制品鱼目混珠了。

柬埔寨丝绸

这些令人喜爱的丝绸拥有不同的优良质感,大部分被做成时尚的衣物或围裙、枕套、手提包。您可以在暹粒的国家丝绸中心(National Silk Center)或吴哥丝绸农场(Angkor Silk Farm)参观丝绸的整个生产过程——从桑树种植到蚕丝收成再到织布机编织。

格罗麻围巾(Krama)

格罗麻围巾是经典的柬埔寨纪念品,有红色、蓝色或黑色格子的,由纯手工编织的棉布做成,价格1美元(3 000瑞尔)起。在尘土飞扬的土路上、冷气过强的餐馆里或参观寺庙时,它可以作为披肩。

美食

柬埔寨的法式餐厅怎能没有来自贡布的辣椒、香料、蜂蜜、咖啡、茶、腰果、米酒、椰子油以及原创的糖棕榈产品——在市场上,为了寻找、品尝这些特产,顾客都不愿离开了。

您可以在市集上和柬埔寨精品店里逛上一整天，并买到精美的手工艺品。

手工艺品

陶器、漆器、传统乐器等手工艺品都可以在游客中心以实惠的价格买到。最受欢迎的纪念品还是飞天女神、佛祖、印度教神祇和微笑的阇耶跋摩七世（Jayarvaman VII）的雕像。它们大多由石头、青铜或木材制成，通过彩绘添上一层迷人的真铜绿。暹粒的吴哥艺术学校（@ www.artisansdangkor.com）提供参观手工作坊的行程。只有经柬埔寨文化部批准后，才能出口古董，一般游客几乎不可能获得许可，所以，即使您能接触到古董，也不要购买。

银器

银器锻造场生产着高质量的产品（银含量70%~92%），但也有大量精心制作的仿品。用首饰、佛像和餐具作为纪念品如何？动物或水果形状的银制小罐子是畅销商品，以前被用于存放槟榔果。特别受柬埔寨父母欢迎的是婴儿用的 当地锦囊▶ 小银脚链（Chang Krang Cheung）。

寺庙拓片

印着吴哥窟或罗摩衍那神话的拓片 当地锦囊▶ 非常适合作为纪念品：便携、价格低廉、非常美观。

海岸/金边

毫无疑问，金边已经挥别过去。许多法国殖民时期的赭黄色建筑已经被改造成华丽的酒店和休闲酒吧。盛开的紫色三角梅和"嘎吱嘎吱"作响的藤椅迎接着四方宾客。

金边像圣诞树一样闪耀：小灯串犹如闪烁的银丝条悬挂在酒店、寺庙和海滨路旁的棕榈树上，洞里萨河和湄公河在此处汇合。金边200万居民中，从来不缺乏喜爱欣赏夜景的人。对独立纪念碑进行瞻仰之后，首都居民会在附近不计其数的高棉餐馆中用餐。他们的口号表达了所有高棉人的向往：自由、平等、健康。这对于年轻人就意味着手机、电动摩托车、卡拉OK。

正如20世纪60年代那样，金边欣欣向荣的气息也延伸到西哈努克市和白马市的海滩。从柬泰交界处到柬越交界处共长约440千米，精品酒店集中开设在这里。虽然西哈努克市已经越来越向熙熙攘攘的国际海滨度假胜地发展，但贡布市和白马市的时间似乎仍是静止的，它们也不知道究竟还要等待多久，海岸边有野生动物、洞穴和瀑布的国家公园正等待着游客的探索。

上图：西哈努克市的胜利海滩（Victory Beach）

> 柬埔寨的海滩又恢复了生机,去柬埔寨游泳吧。

贡布

(折页 G6)殖民时代的气息吹过图超河(Toek Chhou River)边的宁静小城,河岸上的林荫道矗立着许多棕榈树,许多小房子围绕于此,且多设有成荫的拱廊过道和摇摇欲坠的蓝色百叶窗。

这个城市在19世纪时曾拥有一个布满中国商船与商铺的繁忙港口。如今它坐落于内陆方向5千米处,被红树林和沼泽围拢着。这里的40 000名居民主要靠捕捞螃蟹、种植胡椒及榴梿为生。对于顺路游览波哥山国家公园(Bokor Nationalpark,🏠 贡布北部41千米处)的游客来说,贡布是一个理想的出发地,对于继续前往50千米外

柬埔寨

的越南旅行的游客也是如此。

值得一看

在散步时,您可以感受一下殖民时期的氛围。在东部的河岸附近,有一个富丽堂皇的总督别墅。在马卡拉街道7号(Seven Makara Street)南部的小巷里,有着许多美丽而陈旧的小楼,它们曾经鲜艳的颜色正渐渐褪去。仔细欣赏,您会发现真正赏心悦目的景象。拥有椭圆形装饰窗的中式小商店就位于半塌的瓦片屋顶之下[从红酒吧(Bar Red)的屋顶可以欣赏此景,晚上该酒吧就会变成夜猫子的聚会点]。高棉文化发展研究所(Khmer Cultural Development Institute)可为您展示柬埔寨传统文化(周一、周二14:00—17:00,周五17:00—19:00接受捐赠 @ www.kcdi-cambodia.com),青年人在这里练习高棉舞蹈和传统乐器演奏。

美食

在日落时,许多餐馆里都聚满了客人。爱吃甜食的人可以去水果奶昔街(Fruitshake Street,方尖石塔附近,旧桥和环岛之间),您可以在小吃摊喝到东南亚风味的果汁,还可以品尝汤面和小吃。

史诗艺术餐馆(Epic Arts Café)

这家小餐馆由当地年轻人和英国组织"史诗艺术"共同经营。服务员会在便条上记下您的订单。百吉饼、燕麦、煎蛋卷或其他小吃。这里提供早餐,也有手工艺品。67 Oosaupia Muoy,旧市场(Phsar Granath)附近 每日 ¥ @ www.epicarts.org.uk

人们可以直接向贡布港口的渔夫购买刚收获的海鲜

海岸 / 金边

李奇蒂奇塔威餐厅（Rikitikitavi）

很不错的阳台餐厅，有独特的菜式和大分量的套餐（进口牛排和素食），还有美味的葡萄酒、鸡尾酒、威士忌，以及壮观的河景，提供早餐。🏠 市中心的河滨路 🕐 每日 ¥ ¥~¥¥ 📞 0 12 23 51 02

塔亚餐厅（Ta Eou）

在美妙的河景里，您可以享用最美味的新鲜海鲜。据说由于偶有旅行团到访，该餐馆的价格比较昂贵，但不用担心：许多高棉人也在这里用餐（菜价约为3美元）。这里有美味的开胃虾、茶饮和香蕉，以及各色主菜！🏠 新桥边的河滨路 🕐 每日 ¥ ¥

户外活动

贡布市热烈欢迎您参与到志愿服务中来。如果您有时间，可以与僧侣一起上英语课，或与孤儿一起进行足球训练。相关信息可在幸福旅馆（Blissful Guesthouse）获得（🏠 贡布中心河滨路 📞 0 12 51 30 24 或 85 69 75）。

划艇

您可在马古尔酒店（Les Manguiers，¥ 2小时约3美元 📞 0 92 33 00 50）租借皮艇，在图超河上观察当地居民的日常生活，如观看渔夫捕蟹。您还可以到图超急流（🏠 北部8千米处）感受一次河中畅游 ¥ 私人游约8美元/小时（📞 0 92 17 42 80），或通过奇迹王国旅行社（Sok Lim Tours）预订（📞 0 12 71 98 72 @ www.soklimtours.com）。

夜生活

蓝红酒吧（Blue Bar Red）

这是一间古典酒吧，在夜晚会使人产生一种"依赖感"。在无拘无束的气氛中，您可以在柜台和藤椅之间享用高棉烤肉和印度菜，如玛萨拉鸡，当然还有啤酒、奶昔和茶饮。该店一直营业到深夜。🏠 718路，在妙手按摩（Seeing Hands Massage）的拐角处，距河滨路约30米 🕐 每日 18:00起

必游景点

★ 波哥山国家公园
此处拥有贡布最棒的海岸全景。雨季时气氛神秘。→ P.36

★ 科奈邦查特酒店
在白马市，您会惊艳于这家柬埔寨最美的精品酒店，它有着勒·柯布西耶风格。
→ P.39

★ 王宫（玉佛寺）
大理石、银器、9 584颗钻石和一尊用90千克黄金制作而成的真人大小的佛像在金边市中心为您展现华美与富丽。→ P.41

★ 湄公河上的日落巡航
不仅适合恋人游玩，也适合一般人游玩。请务必观赏一次金边河上的日落美景！
→ P.44

★ 莱佛士皇家酒店（Raffles Le Royal）
没有比这家拥有殖民时期风格的酒店更时尚的住处了。
→ P.48

柬埔寨

住宿

贡布庄园家庭旅馆（Kampot Manor）

该旅馆位于河对岸稍远处，因此很安静。大卫（David）会站在客人身边提供服务（他是一位非常好的厨师）。这里有免费自行车，一直供应咖啡和茶，还有一个漂亮的露台，您可以在这里享用早餐。10间客房。🏠 Fish Road ¥¥ 📞 0 93 63 19 04

马古尔酒店 ✹

该酒店紧临图超河，提供简易的客房（配备风扇，部分设有公共浴室，提供冷水），属于典型的干栏式建筑，适合家庭居住。花园里还有6座古色古香、棕榈叶覆盖着屋顶的平房别墅。酒店提供非常美味的自制早餐，可以在河里游泳！13间客房。🏠 河滨路，新桥北部砾石轨道约2千米处 ¥~¥¥ 📞 0 92 33 00 50 @ www.mangokampot.com

米亚酷帕酒店（Mea Culpa）

这是一个安静的旅馆，性价比高，拥有漂亮、明亮的客房（有DVD、热水淋浴）、阳台，服务专业、态度友好。还有用木制烤箱烤的地道比萨供应。4间客房。🏠 River Road，总督别墅后方河滨路南端左转 ¥¥ 📞 0 12 50 47 69 @ www.meaculpakampot.com

周边景点

波哥山国家公园 ★（折页 F-G 5-6）

在象山山脉（Elefanteriyebirge）中部，一个陡峭倾斜的高原上，波哥山国家公园占据了约1 600平方米的地盘，还有柏威夏·莫尼翁国家公

波哥山国家公园的茂密丛林——濒危动物的藏身之处

园（Preah Monivong）🈁门票0.5美元）。早在20世纪20年代，海拔约1 080米的泼泼克山（Phnom Popok）就吸引了许多柬埔寨富人和殖民者在周末前来度假。这里有西哈努克王室的宫殿、一座法国教堂、旧别墅、邮局和水塔，还有曾经富丽堂皇的4层赌场（始建于1925年），内设壁炉且拥有能远眺越南富国岛的震撼海景。这里曾经饱受战争摧残。令人欣慰的是，这里的一切都恢复了，老赌场的废墟建起了一座全新华丽的混凝土建筑，新建的拥有564间客房的坦苏尔波哥高原度假酒店（Thansur Bokor Highland Resort）已经完工，平日里都是空荡荡的。一条公路蜿蜒约20千米到达高原，那里的森林已经被砍伐殆尽。

还有一些值得参观的角落：不远处令人陶醉的三浦多摩寺（Wat Sampeau Doi Moi），那里有挺拔的砖塔和5名僧侣。2千米长的小径通向泼泼克威瀑布（Popok Vil Waterfall）与两个落差大约为15米的阶梯式人工瀑布（🏠波哥山城东北约11千米，只在雨季值得一看）。这里有赤麂、亚洲黑熊、长臂猿、大象、老虎及300余种鸟类。不幸的是，它们不断受到非法狩猎的威胁。雨季时节的正午时分，当雾气腾起时，废墟之间笼罩着一种奇妙的朦胧气氛，2002年马特·狄龙主演的惊悚片《幽灵城市》便以这里为背景。🏠贡布以北41千米

图超瀑布（Tek Chhou Waterfall）

（折页 G6）

这个小瀑布位于贡布西北部大约8千米处。每逢周末，大量柬埔寨人到此处游泳和野餐。此外，这里还有大量的小吃摊供大家用餐。从贡布到此处的途中有一个小型动物园。

白马市

（折页 G6）在法国殖民时期，拥有20 000人口的白马市作为消夏胜地也曾有过辉煌。

王室和政客曾在这里享受着水上运动，在轮盘赌桌旁消遣娱乐……如今一到周末，当地人挈妇将雏，装备齐全地来到这里野餐、游泳。这与平日门可罗雀的景象大相径庭。一些人希望白马市可以建起邮轮码头和高尔夫球场。可以确定的是：海岸上的一切都围绕着"螃蟹"这个主题——蟹船、螃蟹市场和一个巨大的青铜蟹雕塑。@www.kepcity.com

值得一看

皇家别墅（Königliche Villen）

前国王西哈努克现代化、无人居住的周末别墅（🈁门票1美元）矗立在白马海滩上的一座小山上，其景致几乎都被遮挡住了。另一个不太有名的皇家别墅位于海滨路以东约3千米处，那里更令人印象深刻：它是一个殖民时期风格的建筑，设有庭院、湿壁画装饰的房屋立面和蜿蜒的楼梯。给门卫一点小费，便可入内参观。

美食

您可以在螃蟹市场（Phsar Gadam）或白马海滩的许多饭馆和小摊上品尝地方特色菜，特别是在炭火上烤的鱿鱼、虾和鱼。螃蟹市场的金味

柬埔寨

饭馆（Kim Ly Lokal，¥¥）还提供贡布胡椒蟹。

凤凰花餐厅（Le Flamboyant）

别致的花园餐厅，提供受法餐影响的柬埔寨菜。食材都是纯天然的。🏠 N 33内陆方向通往贡布的分支处 🕐 每日 ¥ ¥¥ 📞 0 17 49 10 10

勒德齐餐厅（Led Zep）

在白马国家公园里散步以后，您可以在这家乡村小馆边享用小吃和冰啤酒，边欣赏美景。🏠 Phrea Thom, Kep Nationalpark 🕐 每日 0:00—17:00 ¥ 📞 0 88 9 52 53 58

索安克餐厅（So Kheang）

日落时分，您可以在这家家庭餐馆享用到新鲜海鲜，价格实惠。🏠 螃蟹市场 🕐 每日 ¥ 📞 0 92 25 46 83

户外运动

白马海滩上的岩石较多，且沙子呈褐色，因此质量不高。您可以报名一日游，探索7座岛屿，包括海鲜午餐、浮潜和按摩（¥ 25美元每人，如仅横渡只需8美元）。其中：仅4平方千米大的兔子岛（Koh Tonsay），上面有海滩餐馆和渔家小屋（🕐 19:00—22:00期间通航 ¥¥）。您可以将岛上购物之旅与柴岛（Koh Svay）或珀斯岛（Koh Pos）结合起来。浮潜时就算看不到珊瑚群【除了萨兰岛（Koh Saran）】，也可以看到五彩缤纷的鱼群。这片海域最大的海岛是越南的富国岛（25千米以外），可经过边境关卡到达，但请事先取得签证。那里每日都有船舶出海。如果您想驾驶双体帆船、风帆冲浪和划皮艇，科奈邦查特酒店旁的帆船俱乐部会为您提供合适的设备。

直接从渔网里取出海鲜——白马市的螃蟹市场

海岸 / 金边

夜生活

库库鲁库海滩俱乐部（Kukuluku Beach Club）

在这个小旅馆里（3间客房，有大寝室），每周五晚上这个冷气十足的酒吧和小海滩上的人都会发出邀请：来游泳池边跟着节奏跳舞，享用烧烤吧。🏠 N33路往贡布方向 @ www.kukuluku-beachclub.com

帆船俱乐部（Sailing Club）

日落时分，您可以在码头或帆船俱乐部的简易木屋的阳台上（属于隔壁的科奈邦查特酒店），享受清新的微风和新鲜的海鲜（比如咖喱蟹），也可以多花点时间打台球和乒乓球。🏠 Phum Thmey，N33路往贡布方向 ⏰ 每日 ¥¥

住宿

海滩别墅酒店（The Beach House）

该酒店的区位极佳，也很安静。明亮、舒适的房间里设有空调，还配有迷你游泳池和水疗中心，可连接Wi-Fi上网。您可以在酒店二层的阳台欣赏到超棒的日落海景。16间客房。🏠 海滨路 ¥ ¥¥ 📞 0 12 71 27 50 @ www.thebeachhousekep.com

白马旅舍（Kep Lodge）

您可在此观赏到从酒店到波哥山脉的壮丽景色：茅草屋顶覆盖着大小不同的石制和木制平房别墅。设有小盐水池、台球桌。家庭餐馆供应着瑞士经典菜式，如炸肉排和土豆煎饼（¥ ¥¥），还提供许多旅游信息。随时准备好为您服务！13间客房。🏠 N33路内陆方向通往贡布的分支处 ¥~¥¥ 📞 0 92 43 53 30 @ www.keplodge.com

科奈邦查特酒店 ★

这里有两座20世纪60年代的勒·柯布西耶风格的别墅。这家海岸上独有的、舒适的精品酒店以最简约的客房接待着客人（没有电视），并且以直接位于海上的游泳池和最好的服务取胜（还能用优惠价格租下整座房子）。在其附属的餐馆里（⏰ 每日 ¥ ¥¥），**当地精华** 在落日余晖下或在海边的烛光中享用晚餐时，您可以把脚伸进温暖的沙子中，然后在星空下的懒人沙发上享受鸡尾酒。11间客房。🏠 N33路往贡布方向，在金边预订 ¥ ¥¥¥ 📞 0 36 21 03 10 @ www.Knaibangchatt.com

维兰达自然度假村（Veranda Natural Resort）

非常适合家庭居住的平房和山坡上的别墅：由大量的木材、天然石材和赤陶建造，部分露台和露天泳池旁还设有吊床，档次有高有低。可以观赏极美的海岸和日落全景的餐馆（¥ ¥），附有面包店和冰品店。这里的客房十分抢手。20间客房。🏠 N33路内陆方向通往贡布的分支处 ¥ ¥¥¥ 📞 0 36 63 88 58 88 @ www.veranda-resort.com

周边景点

白马山（Phnom Kep）（折页G6）

在白马市后面的小国家公园（50平方千米）里，可以进行一场可能花

柬埔寨

费3小时的8千米长的"丛林跋涉",直到站到日落石上,从182米高的白马山眺望到最美的景色。这里有许多野生猕猴在龙脑香树上嬉戏。 ¥门票1美元

基利兰寺(Wat Kirisan)(折页G6)

洞穴寺庙基利兰寺(也称为Wat Kirisela)位于绝美、陡峭的喀斯特山脉侧面,梭山(Phnom Sor)脚下。在部分倒塌的石灰岩内部隐藏着一个仿佛被施了魔法的山谷凹地,里面有一尊巨大的卧佛,以及上百个洞穴和壁龛,部分可以爬进去探索。🏠向东约25千米的磅德拉镇(Kampong Trach),N33路 ¥门票约1美元

金边

(折页H5)这座约600岁的老首都(约200万居民),坐落于洞里萨河边。金边的发展极为迅速,比柬埔寨其他地区发达不少。

这个国家的第一座摩天大楼在这儿高耸入云,繁华的景象扑面而来。但这座城市仍然保留了自己的魅力——混乱的交通、高棉典型的平静与法国殖民时期氛围的融合。在一些

> **从这里出发**
>
> 西索瓦码头(折页d-e 1-3):洞里萨河岸的林荫道是金边最完美的出发点,无论您想去南部参观王宫和多彩的市集,或是想去北部河岸边观景。从这里出发,您可以步行去那里,也可以搭乘三轮车抵达。

角落还保留着极美的青春艺术风格的别墅(例如92街道)。直到20世纪90年代中期,这座城市还仅有7条棋盘样式的柏油街道、林荫大道,它们名称的变更反映了每个执政者的政治色彩——有时根据马克思和列宁命名,有时根据国王西哈努克和夏尔·戴高乐(Charles de Gaulle)命名。

这座城市的心脏在西索瓦码头北部、洞里萨湖岸边,那里有豪华酒店和别致的餐厅、自动取款机和旅行社,还有流动商贩和乞丐。在河岸林荫路南部,靠近王宫的地方,您会看到当地人热闹非凡的●休闲生活:野餐、热气腾腾的小吃摊、广场舞、太极和羽毛球。

如今不仅是街道和广场热闹非凡,许多酒吧和寺院也一派生机。僧侣献身于佛法,但也献身于新的义务和娱乐活动,例如:他们忙于一位虔诚信徒的新车开光,或在寺院大屏幕上满怀激情地观看世界杯足球赛。
@ www.phnompenhonline.com

值得一看

国家博物馆●(折页E3)

这座用锈褐色的砖砌成的塔形建筑的主要魅力,在于这里展示了来自吴哥时代(802—1431年)的最美展品。在5 000件按年代顺序排列的陈列品里,最珍贵的包括扶南时代(6世纪)的大型八臂毗湿奴(Vishnu)像、以佛为造型的国王阇耶跋摩七世的砂岩雕像(12—13世纪,可惜胳膊已经缺失)、斜躺着的青铜毗湿奴像(11世纪)以及国王安东(Ang Duong)的船屋,他是前国王西哈努克的祖先。🏠13街道,178街道角

海岸 / 金边

王宫的光辉将金边街上的车辆都镀上了金色

落，王宫北部，只允许在外面拍照、拍摄 ⏰ 每日7:30—11:00，14:00—15:00 ¥ 门票6.5美元 @ www.cambodiamuseum.info

王宫（玉佛寺）★● （折页 E4）

王宫坐落于金边东面，始建于1866年，现共有大小宫殿20余座。游客可参观除西哈莫尼国王居住区以外的所有地方。凯马琳宫设有镶嵌着黄金和钻石的宝座，是国王接受大臣朝见、会见外国贵宾的场所，相当于中国古代的金銮殿。凯马琳宫有3个尖顶，中间59米高的尖顶顶部有白色的四面佛头，天花板上还有高棉神话的壁画。凯马琳宫南侧为拿破仑三世宫，里面设有艺术画廊。银殿是王宫所有建筑中内部最为华丽的。这座宫殿原为木制建筑，1962年重建。它因每块1.125公斤、共5 329块纯银地砖而得名，又因一尊用整块翡翠雕成的翠绿色佛像而被称为玉佛寺。大厅的中央有一尊重90公斤的18K金佛像，身上共镶嵌着9 584颗钻石，其中最大的一颗位于佛像脑前，重达25克拉。在银殿院内，东北面有诺罗敦国王的骨灰塔，东南面是安东国王的骨灰塔，东面中央是诺罗敦国王的骑马铜像。银殿回廊的墙壁上，绘有柬埔寨神话和历史故事的壁画。🏠 Sothearos Blvd ⏰ 每日8:00—11:00，14:00—17:00 ¥ 门票6.5美元，含拍照许可和导览小册子，穿短裤和吊带衫者不得入内。

塔山寺 ⚘ （折页 d2）

居住着许多猕猴、海拔大约100米的塔山上雄踞着高达30米的佛塔。相传在1372年一位叫"奔"的女子发现了因洪水顺湄公河漂流至此的佛像，在山上修庙供奉。渐渐地，此处发展成为一繁华市镇。15

柬埔寨

世纪，柬埔寨迁都于此，将此地命名为"百囊奔"意为"奔夫人之山"，当地华侨称之为"金边"。寺庙后方有反映佛陀生活的壁画，那里还矗立着一座巨大的白色佛塔，里面有奔哈·亚（Ponhea Yat）国王的骨灰，他是第一位迁都金边的国王。🏠 Street 19, 河流附近 🕐 每日大约7:00—18:00 ¥ 门票2美元 @ www.watphnom.net

美食

金边泰坦尼克餐厅（Bopha Phnom Penh Titanic Restaurant）（折页D2）

这是首都最美丽的餐馆之一。您可以在柳条椅上、河边的烛光下用餐，不要忘记带驱蚊装备。在美食方面，您可以享用到蒸粗粉、奶酪火锅、咖喱、龙虾及精美素食。这里的特色菜是有嚼劲的水牛牛排。服务周到、态度友好，每日晚上19:00—21:00会有高棉舞蹈表演，周末有现场乐队泰坦尼克（Titanic）的表演。🏠 西索瓦码头，渡轮港附近 ¥ ¥~¥¥ 📞 0 23 42 72 09

宾至如归餐厅（Comme A La Maison）（折页d5）

无论是早餐的蛋糕、全麦面包或牛角面包，还是正餐的胡椒牛排、意大利面、比萨饼、沙拉和素食——在这个已有两个分店和熟食店的老牌餐厅里，您都可以仕舒适惬意的气氛中用餐，价格也很公道。🏠 113-15 Street 57和6 Street 592 🕐 每日 ¥ ¥¥ 📞 0 23 36 08 01 @ www.commealamaison-delicatessen.com

金边人在塔山寺烧香拜佛

海岸 / 金边

加鲁达餐厅（Garuda）（折页0）

这间高棉餐厅供应素食和柬埔寨家常菜，如椰汁咖喱鱼和咖喱酱牛肉丸，也有泰国经典菜式。服务专业。🏠 21 Street 466 🕐 每日11:30—14:30，17:00—22:00 ¥¥ ☏ 0 87 82 62 87

茉莉餐厅（Malis）（折页e5）

时髦、高级的花园餐馆，位于一堵高墙后，挨着吵闹的街道，设有空调座位。这里提供最美味的高棉菜肴，如咖喱鸭、椰汁咖喱和汤，还有大酒窖。🏠 136 Street 41，Norodom Blvd 🕐 每日 ¥ ¥¥~¥¥¥ ☏ 0 12 34 25 55 @ www.malis-restaurant.com

努克咖啡厅（NUK）（折页d3）

这个受欢迎的咖啡馆提供美味的冰激凌、香醇的卡布奇诺、可口的马芬蛋糕、诱人的饼干，以及必备的Wi-Fi服务。🏠 16 Street 154 @ 每日

万摩酒吧（One More Pub）（折页d5）

一个世外桃源般的德式小酒馆，带有绿色庭院。在这里，您总能喝到凉爽的啤酒及香醇的葡萄酒，还能享用（国际化的）家常菜。这里还有两个简单的客房（¥ ¥）可供使用。🏠 16 Eo Street 294 🕐 周一至周六 ¥ ¥¥ ☏ 0 17 32 73 78 @ www.onemorepub.com

112餐厅（Restaurant 112）（折页C2）

在雅致的殖民地大厦里（公寓 ¥ ¥¥¥）享用精致美食：在工作日期间会提供一次超低价格的法式自助午餐，有鸡肉、鸭肉、羊肉、猪肉等（¥7美元），晚上供应浪漫的晚餐，是一个适合喝葡萄酒的地方。🏠 Street 102 🕐 每日 ¥ ¥¥~¥¥¥ ☏ 0 23 99 08 80

购物

许多精品店、纪念品店、餐馆、酒吧和水疗中心就坐落于安静的240号街道以及178号街道上，那里还有画廊和手工艺品商店。

中央市场（折页d3）

自20世纪30年代起，这座巨大的赭黄色大楼就如同一艘充满艺术风格的宇宙飞船，在金边的中心地带高耸而起。您可以在大楼里购物。在这里，您可能会在水果摊或油炸蜘蛛摊前犹豫不决，也可能会被珠宝商欺骗（他们卖给您假珠宝）。如果您只是想寻找炒锅、丝绸和纪念品（如经典的 ● 格罗麻围巾），这里也能满足您的购物需求。当然您也可以选择欣赏完这座建筑的巨大圆形屋顶后，直接穿过这片喧嚣之地。🏠 在61号街道的南端 🕐 每日7:00—17:00

俄罗斯市场（Phsar Tuol Tom Pong）（折页C6）

这是一个真正的宝库。在自由自在的购物氛围中，您能找到想要的东西：各种尺寸的佛像和飞天女神像、古董和名牌的仿制品、丝巾、瓷器、手工艺品、唱片和许多小玩意儿。🏠 Street 446，城南Street 155街角（东部入口）🕐 每日5:00—17:00

当地特产 ➤ 吐斯廉鞋店（Tuol Sleng Shoes）（T & T Shoes Shop）（折页C6）

高跟鞋、拖鞋和凉鞋——店里

柬埔寨

在充满艺术风格的中央市场里购物

的商品并不高档,但都是用真皮手工制作而成的。女性休闲鞋一般150元人民币左右。🏠 Street 143,吐斯廉附近 🕐 每日7:00—19:00

旅游观光

高棉建筑之旅(Khmer Architechture Tours)●

乘坐三轮车游览参观20世纪60年代欧洲后现代风格建筑[主要由著名建筑师旺·莫利万(Vann Molyvann),即勒·柯布西耶的学生设计建造],例如奥林匹克体育场、金边皇家大学、电影院和别墅。如今,部分别墅被辟为酒店。¥3小时的英语旅行团:15美元每人,私人旅游:约45美元起 📞 0 17 36 97 43 @ www.ka-tours.org

季风旅行社(Monsoon Tours)

柬埔寨最古老的旅行社之一,由德国人管理,专注于湄公河旅游项目,包括观看伊河海豚、赏鸟活动,还有全国范围内的旅行项目。暹粒也有该旅行社的办公室。🏠 27 Street 351,Sangkat Boeng Kak 1,Tuol Kork 📞 0 23 96 96 16 @ www.monsoon-tours.com

湄公河上的日落巡航★(折页d-e 2-3)

当金黄色的太阳下落至皇家宫殿的背面,每个人都可以在洞里萨河和湄公河上的落日游轮上观赏到壮丽景色。您可以在游艇上享受到高棉流行音乐、嘻哈和非常浪漫的香槟和小吃。整艘游艇的租赁价格为每小

海岸 / 金边

时10~25美元（价格高低取决于游艇的档次和大小）。小船停靠在144号街道和130号街道之间以及104号街道附近的客运港口。卡尼卡双体船（Kanika-Katamaran，📞 0 89 84 89 59 @ Kanika-boat.com）作为"浮动酒吧"每日沿着湄公河向下游航行，周二至周日也作为洞里萨河上的晚宴游轮。蝴蝶游轮（Butterfly Cruies）（📞 0 17 53 15 14 @ butterflycruise.asia）每日都会在一艘改装过的古老驳船上提供浪漫专属的落日晚餐巡航，然而较为吸引人的场景是远处的 <mark>当地锦囊</mark> 湄公河浮动别墅（💴 每晚138美元起，包括早餐和中餐 @ www.mekongbungalows.asia）。

户外活动

柬埔寨烹饪课（Cambodia Cooking Class）

在首都学习如何烹饪高棉菜——比弗里兹餐厅（Frizz Restaurant）的柬埔寨烹饪课更正宗，弗里兹餐厅除了市场调查几乎什么都没有教。🏠 67, Street 240 💴 全天23美元/人，半天15美元/人 📞 0 12 52 48 01 @ www.cambodia-cooking-class.com

夜生活

如果您在西索瓦码头受够了喧闹，则可以去240号街道上的酒吧和餐馆就餐。如果那里也有很多人，您还可以去278号街道和57号街道上新的旅客角（🏠 万景岗地区，独立纪念碑向南）以及130，13，6和104号街道的酒吧。

<mark>当地锦囊</mark> 中国之家——特普伊酒吧（Chinese House—Tepui）（折页d1）

这座于1904年建造的宏伟别墅是金边少数保存完好的殖民时期风格的建筑，内设酒吧休息室和画廊，是法国房屋立面和中国室内商店的混合体。在轻松自在的气氛里，您可以在吧台、沙发或阳台的躺椅上享用小吃和鸡尾酒。特普伊餐厅的二楼，供应着富有拉丁气息的地中海风味菜。🏠 45 Sisowath Quay，北部集装

省钱有道

只需6美元起，您就可以在白马市的白马海滨旅馆（Kep Seaside Guesthouse）的吊床上放松和享受日落美景，也可从阳台房观看日落景象（如20号房）。该旅馆服务良好，性价比高。26间客房。🏠 N33路往贡布方向（科奈邦查特酒店旁边）📞 0 12 68 42 41 @ short.Travel/Kam7

金边的萨瓦蒂按摩店在歌迪精品酒店（Goldie Boutique Geusthouse）里提供1小时长的高棉和泰国按摩（需穿睡衣）或精油按摩，（折页d5）🏠 Street 57 🕘 每日9:00~23:00 💴 8美元起 📞 0 23 99 66 70 @ short.travel/kam3

猴子共和国旅馆（Monkey Republic），26间客房。📞 0 92 00 00 00 @ www.monkeyrepublic.info是青年游客的聚会场所。丛林花园的竹子平房只要10美元起，请及时预约！

柬埔寨

箱口岸附近 🕐 周一至周六，餐厅：18:00—22:30，酒吧：17:00—24:00（商品打折时间：17:00—19:30）¥ ¥¥~¥¥¥ @ www.Chinesehouse.asia

自然惊喜 周餐厅（Chow）🌿（折页E3）

通风的屋顶酒吧拥有从6楼眺望河流的美景，提供安静的角落和按摩浴缸、亚洲混合风味小吃和烧烤、啤酒（在打折时间 🕐 18:00—20:00只需1美元）；16间有趣的、覆盖羊毛的酒店客房（¥¥~¥¥¥）的确很别致，可惜位于嘈杂的西索瓦码头附近，并且没有窗户。🏠 Hotel The Quay, 277 Sisowath Quay @ www.thequayhotel.com

大象酒吧（Elephant Bar）（折页c2）

柬埔寨最著名的酒吧：舒适的气氛，有钢琴或爵士乐伴奏，提供超值的鸡尾酒（商品打折时间 🕐 16:00—20:00半价优惠）。还有台球运动，旱季的每周四的花园烧烤、周五的飞天女神文化晚宴等（🕐 19:45 ¥ 30美元，只在旱季11月至次年3月举办）。🏠 Raffles Hotel Le Royal 🕐 每日14:00—24:00

普雷帕卡剧场（Plae Pakaa）（折页e3）

国家博物馆里，普雷帕卡剧场1小时的露天舞蹈表演以其戏剧和浪漫色彩、传统舞蹈及富有魅力的现代元素吸引了众多观众。🏠 Street 13，Street 178街角 🕐 周一至周六19:00 ¥ 门票15美元，通过电话预订或于晚间在柜台前购买 📞 0 17 99 85 70 @ www.cambodianlivingarts.org

热闹非凡：当地人在西索瓦码头跳广场舞

海岸 / 金边

金边的突突车司机可载您到任何一个景点

浮桥俱乐部（Pontoon Club）（折页 d3）

在迪斯科舞厅里，外国和本国的DJ，他们负责营造绝佳气氛。这里有形形色色的当地人和游客，每周四有歌舞表演。🏠 80 Street 172 @ www.pontoonclu.com

皮影戏剧院（Schatten Figurentheater）传统舞蹈表演（折页 0）

周末的皮影戏剧院里，古老的传统故事再次变得栩栩如生：皮影、高棉舞蹈和杂技，以经典的高棉长笛（Sro lai）和木琴（Ro niet）的音乐为伴奏。在大型高棉皮影戏（Sbeik thom）中，高达2米的木偶讲述着罗摩衍那的神话传说，小型皮影戏（Sbeik touch）则使用更小更灵活的木偶来表演日常生活场景（在农村地区还经常被用作预防疟疾或艾滋病的教育）。此外，您还可以购买面具、木偶和光盘。🏠 166 Street 99 🕐 周五和周六19:30 ¥ 门票10美元 @ www.sovannaphumtheatre.com

鲨鱼酒吧（Sharky's）（折页 d3）

这里有现场音乐会、空气吉他比赛和派对。在这个建于1995年，号称"中南半岛历史最悠久的摇滚酒吧"里总是在举办各种活动。饮料是冰好的，菜单非常丰富（从汉堡到牛排再到玉米煎饼和泰国美食），音乐从放克到骚灵乐再到朋克（周末还有现场音乐演出），客人形形色色，还有许多高棉和越南女孩。然而她们并不都是"真正的女孩"，其中也有"人妖"。🏠 126 Street 130，中央市场以东500米，二层 🕐 17:00 - 2:00 @ www.sharkycambodia.com

柬埔寨

住宿

当地锦囊 蓝青柠酒店（Blue Lime）（折页d3-4）

高墙后的一片乐土、市中心的精品酒店，床和沙发放置在风格时尚的房间里，配有卫星电视，部分带有阳台（8号房间有大的转角阳台），还带有安静的泳池与休息亭，请提前预订。45间客房。🏠 42 Street 19z，19号街道西侧小巷 ¥ ¥¥ ☎ 0 23 22 22 60 @ www.bluelime.asia

舍宇殿酒店（Cambodiana）（折页f4）

这是一座20世纪60年代的经典建筑。最吸引人的地方是它处在湄公河和洞里萨河汇合处的最佳位置，有绝佳的景色，还配备游泳池和健身中心。它的田园风格餐厅就位于河边（🕐 16:00起 ¥~¥¥），夜间还有现场乐队演出（🕐 20:00起）。300间客房。🏠 313 Sisowath Quay ¥ ¥¥~¥¥¥ ☎ 0 23 42 62 88 @ www.hotelcambodiana.comkh

欧洲旅馆（Europe Guest House）（折页d3）

在乐于助人的森先生（Mr.Seng）家里，您会感觉非常舒适：房间的装潢简单，但配备了平板电视、Wi-Fi和♻小型太阳能浴室。16间客房。🏠 51 Eo Street 36 ¥ ¥ ☎ 02 36 91 88 83 @ www.europeguesthousepp.com

歌迪精品酒店（Goldie Boutique Guesthouse）（折页d5）

位于市中心万景岗地区，部分客房带有阳台（设有卫星电视、小酒吧）、小浴室，装修精美。15间客房。🏠 6 Street 57 ¥ ¥ ☎ 0 99 98 62 22 @ www.goldieguesthouse.com

卡比奇旅馆（Kabiki）（折页e4）

这家美丽的旅馆经常满房。客房较狭窄，但装潢很出色，矮小的棕榈树之间还有私人庭院。设有戏水池（周末有许多儿童在此玩耍）。附近坐落着非常漂亮的酒店，位于一座建于20世纪20年代的别墅里，它们都属于同一位所有者（¥ ¥¥ @ www.thepavilion.asia）。11间客房。🏠 22 Street 264，波提姆寺（Wat Bodum）附近 ¥ ¥¥ ☎ 0 23 22 22 90 @ www.thekabiki.com

克莱伯苏酒店（Kolab Sor）★（折页d5）

位于万景岗市场的游客聚集地，10层楼的酒店高高耸立。这里有舒适、设计简约的客房，友好的工作人员和空中酒吧。52间客房。🏠 436 Street 310 ¥ ¥¥ ☎ 0 23 97 97 97 @ www.kolabsorhotel.com

莱佛士皇家酒店（Raffles Le Royal）（折页c2）★

这是一间传奇的旅馆，住过不少名人，如萨默塞特·毛姆和杰奎琳·肯尼迪。一定要预订那间建于1929年的殖民地风格的地标式阳台房，它是法国和柬埔寨风格的结合体，那里的浴缸就置于狮爪之上。3栋侧楼之间的两个25米宽的泳池是最纯粹的世外桃源，但只在淡季开放。170间客房。🏠 92 Rukhak Vithei Daun Penh，塔山寺附近 ¥ ¥¥¥ ☎ 0 23 98 18 88 @ www.raffles.com/phnompenh

西哈努克市

西哈努克市（大约有16万名居民）在过去十年间从一个落后的港口城镇成长为热闹非凡的海滨浴场，在那里仿佛任何愿望都能实现：文身、酒吧和为游客提供的篝火海滩派对及KTV。

这个海滨浴场（也称作Kampong Som或Snook）是来自世界各地的隐居者、冒险家和商人的据点。不幸的是，这里同样吸引了越来越多的罪犯和不少在泰国无法生存的人。人们大可以安静地享用半岛上的7个海滩，但总有卖水果的商贩前来打扰。

美食

西哈努克市有柬埔寨最大的餐馆密度及美食多样性——价格很低。奥克提尔海滩（Ochheuteal Beach）上排成一排的海滩餐厅完全望不到尽头，每天晚上都为客人提供烛光下的海鲜烧烤（¥约2~3美元）。

旅游推荐 ▶竹子小酒馆（Bamboo Bistro）

在偏远的、寂静的欧特斯2号海滩（Otres Beach 2），家庭餐馆为客人们提供着海鲜（一定要尝试海鲜拼盘！）及汉堡、薯条等西式菜肴。人们舒适地坐着，将脚丫踩在松软的沙子里，这里还有躺椅、鸡尾酒和桶装啤酒。🏠 Otres Beach 2 🕐 每日 ¥¥~¥¥ 📞 0 12 61 48 00

马诺哈餐厅（Manoha）

如果在柬埔寨菜和法国菜之间无法抉择，那就去这个美丽的小餐厅吧！这里的菜单集合了所有令人垂涎的菜肴，从牛排和青蛙腿到蘸着胡椒酱的美食。🏠 Serendipity Beach Road 🕐 每日 ¥¥~¥¥ 📞 03 46 57 26 66

马可波罗餐厅（Makro Polo）

这间带花园和阳台的餐厅为您提供最好吃的沙拉、意大利面、比萨和其他意大利经典菜式。🏠 前往索卡海滩（Sokha Beach）的路上，狮子环岛西侧约100米 🕐 每日 ¥¥~¥¥ 📞 0 92 92 08 66

柬埔寨家常菜（Nyam）

供应最精致的柬埔寨家常菜。这个小餐馆总是满座，服务专业，菜肴正宗美味。请尝尝香蕉花沙拉、鱼糕、椰汁咖喱鱼、鱿鱼串，当然还有素食。🏠 23 Tola Street 🕐 每日 ¥¥ 📞 0 92 99 50 74

陶兰加餐厅（The Terrace）

餐厅位于狮子环岛附近，是一处远离喧嚣的世外桃源。不同于旅游区的饭馆，在这里您可以享用到配有许多香菜的地中海风味菜和价格实惠的葡萄酒。此地还有3座公寓。🏠 7 Makara Street 🕐 18:00—22:00，酒吧营业到23:00 ¥¥~¥¥ 📞 0 16 46 84 60

户外活动

离岛之旅（折页 E-F6）

最受欢迎的是如瑟岛（Koh Russei）一日游。如瑟岛又称竹岛（Bamboo Island），那里游客较多，长约200米的沙滩并不干净。（有10间配有最简易的蹲厕但收费过高的小屋 🕐 人流高峰18:00—23:00 ¥¥）。远处坐落着德库岛（Koh Dek Koul）

柬埔寨

（拥有俄罗斯风情的超级豪华度假村的迷你岛 ¥ ¥¥¥ @ www.miraxresort.com）和 旅游锦囊▶**高龙撒冷岛**，乘船约2小时可到达，岛上有孤独的海滩、灯塔和15座朴素的平房建筑（¥ ¥ @ www.lazybeachcambodia.com，www.ecoseadive.com和www.mpaybay.com），还有僻静的、只有士兵居住的潭岛（Koh Tan），乘船4~5小时可到达。梦想海滩如今吸引着所有的人，坐落在龙岛（Koh Rong，又称"瓜隆岛"，请不要与高龙撒冷岛混淆），乘船需2小时到达。近年来，龙岛已经完全发展成为一个派对岛——这里有与派对相关的一切，如高昂的食宿价格（鱼：9.5美元，比萨：10~18美元）。您可以居住在快乐别墅（Happy Bungalow，¥ ¥¥ ☏ 0 16 85 59 69）或普拉维塔度假酒店（Pura Vita）（¥ ¥¥ @ www.puravitaresort.com）里更高档的房间。

乘船游览的价格约为每人7美元起，距离越远，价格越高。如果您想参与 ● 离岛之旅和浮潜，可以参加太阳旅行社（Sun Tours）的旅游项目（¥ 高龙撒冷岛一日游约30美元/人 ☏ 0 16 39 62 01 @ www.suntours-cambodia.com），即参加设有太阳甲板和7个双舱的3层游船，船上的厨师罗伯特会为客人提供各色菜肴。还有晚餐巡航、多天的潜水和捕鱼等旅游活动。

旅游锦囊▶**达盖岛**（折页F6）

相比所有人都挤向距此10分钟航行时间的竹岛参与超级便宜的一日游，达盖岛度假村（Koh Ta Kiev Resort）（5间客房。🕐 雨季结束后 ☏ 08 88 83 32 23 和 09 79 99 93 67）及其狭窄的海滩在棕榈树和木麻黄树下仍然十分安静。岛上居民就居

当地人和外国游客的游乐场——奥克提尔海滩

海岸 / 金边

住在简朴、颇具当地特色的竹高架小屋里,屋里有吊床,阳台上有坐垫。露台上提供着当地菜肴(¥¥)。到这里来,您还可以划艇、蒸桑拿、钓鱼,也有其他冒险性的选择:特恩103树屋湾露营地(Ten 103 Treehouse Bay),即以前的约蒂雨林露营地(Jonty's Jungle Camp, ¥¥ ☎09 79 43 75 87 @ www.ten103cambodia.com),配有蚊帐和带遮雨篷的军用吊床。别忘了带上探照灯、杀蚊喷雾和耳塞。这里虽然没有发电机的轰鸣声,但却有此起彼伏的动物叫声,尤其是在夜间。树林里隐藏着3个开放的树屋和最吸引人的场所:太阳能厕所和淋浴棚旁的桉树蒸汽桑拿。

潜水

柬埔寨潜水商店(Dive Shop Cambodia)提供25个不同的潜水地点、岛屿的潜水课程和浮潜旅行,还有在开放水域有儿童的课程和夜间潜水运动,最佳时段为11月至次年3月。🏠 通往珍宝海滩的街上,猴子共和国旁边 ☎ 0 34 93 36 64 @ www.shopcambodia.com

海滩

您可以从7个不同的海滩中进行选择(从北部到南部):

胜利海滩和夏威夷海滩(Hawaii Beach)

两个小型的日落海滩,因为靠近港口或酒店,所以该海滩对喜欢游泳的当地人的吸引力较小。

独立海滩(Independence Beach)和索卡海滩(Sokha Beach)

由与之同名的豪华酒店所有,部分被封锁。偏僻的海滩被木麻黄树包围,在岩石较多的独立海滩上仍不时有牛慢悠悠地穿过海滩。

珍宝海滩(Serendipity Beach)和奥克提尔海滩(Ochheuteal Beach)

这两个海滩无缝衔接着,一共约5千米长。如果您正在寻找旅行的喧嚣,包括海鲜餐馆和沙滩排球比赛、遮阳伞和躺椅平台、流动商贩、美甲师、按摩师、香蕉船和水上摩托,这里就是最合适的地方。在500米长的珍宝海滩上,唯一的平房别墅就坐落在这里。来此乞讨的儿童通常是被组织来的,请不要给这些职业乞丐钱。

欧特斯海滩1号和2号(Otres Beach 1 and 2)

这个总长3千米、部分非常狭窄

柬埔寨

如果想要寻找喧闹气氛、水果商贩和免费浴巾,就去珍宝海滩吧

的海滩(欧特斯海滩1号),位于木麻黄树之下,比起上述的几个海滩都要安静。更偏远一些的欧特斯海滩2号设有用于放松的遮阳伞下的躺椅(¥部分租金费用为2美元),女按摩师随时准备为您服务,附近还有许多海滩酒吧。然而在这里您需要忍受工地的噪声。🏠 西哈努克市东南部约3千米处

夜生活

晚上,人们会聚集在环岛附近的酒吧里边交谈边喝啤酒、打台球或观看体育节目。时间越晚,聚集在和风餐厅(The Led Zephyr)(🏠 Serendipity Beach Road @ www.theledzephyr.com)享受现场音乐的人就越多。人们也喜欢在晚间聚集在易如反掌餐厅(The Big Easy)。

顶级猫影院 ●

这里经常放映高质量的电影和纪录片。您可以在里面吹着空调,吃着冰激凌和爆米花,坐在舒适的座位上体验杜比环绕音响。此外,胜利山的街道上也有露天电影院。🏠 通往珍宝海滩的路上,猴子共和国旅馆对面 🕐 每日16:00—22:00,多个放映场次 ¥ 门票大约2美元

住宿

当地佳酿 库拉巴度假酒店(Coolabah Resort)

雅致、现代化的客房(设有卫星电视、保险箱、小酒吧),一切都干净得发亮,尤其是玻璃的坐式淋浴池非常受欢迎,还带有迷你泳池。29间客房。🏠 往奥克提尔海滩的路上,距海滩300米 ¥ ¥¥ 📞 0 17 67 82 18 @ www.coolabah-hotel.com

独立酒店(Independence Hotel)

这是一家僻静但富丽堂皇的海

海岸 / 金边

滩酒店，以前是喷气式飞机的着陆点，如今这座高层酒店以7层楼的典雅客房为客人们提供住宿，设有舒适的房间、泳池，并拥有绝妙的全景。●前厅的景色非常值得一看。私人海滩上有环境清幽的日落酒吧，在淡季还可以讨价还价，最多能砍到6折！52间客房。🏠 Independence Beach ¥ ¥¥¥ 📞 0 34 93 43 00 @ www.independence-hotel.net

新海景别墅和餐厅（New Sea View Villa & Restaurant）

环境非常美丽、明亮，部分宽敞、装饰亲切的客房配有舒适的床垫，客房里还可以享受按摩。热闹的餐馆提供美味佳肴，还有大量蛋糕、冰激凌和其他甜品（🕐 周日不营业 ¥ ¥），15间客房。🏠 通往珍宝海滩的路上，距离海滩约50米 ¥ ¥~¥¥ 📞 0 17 91 89 66 和 0 69 42 02 70 @ www.sihanoukville-hotel.com

日落旅馆（Sunset Lounge）

欧特斯海滩1号末端的小旅馆由凯蒂（Katie）和安德鲁斯（Andres）经营——坐落于安静的海滨小路对面，几乎直接位于那几座朴素的连排公寓（配备厨房）和更漂亮些的平房别墅（设有简约别致的浴缸）的前面，客房内都配备吊床和躺椅。9间客房。🏠 Group 17, Village 4 ¥ ¥~¥¥ 📞 09 77 34 04 86 @ www.sunsetlounge-guesthouse.com

书籍/电影

《失落的世界：吴哥窟》：美国历史频道出品，通过大量的历史重演和最新的考古证据，带领观众探索那片重现了神王之城，有着900年历史的吴哥窟遗迹。

《吴哥之美》：书中收录蒋勋写给林怀民的20封信，诉说吴哥王朝诸寺遗址、雕刻、美学、仪式空间最细腻美妙的景致。

《吴哥和高棉文明》：一本法国学者制作的研究性图集，展示了从石器时代到1863年成为法国保护国的高棉文化历史，并用地图等进行了大量的图解。

《无论您去哪里》：本杰明·普鲁弗（Benjamin Prüfers）对于感染了艾滋病的性工作者斯瑞高（Sreykeo）抱有"几乎不可能的爱"，也写出了他对柬埔寨爱恨交加的态度。这本书于2009年被改编拍摄成电影《同中有异》（Same Same but different），导演：德特勒夫·巴克（Detlev Buck）。

《花样年华》：在这部王家卫导演的电影中，展现的不仅是爱情，还有时代特征。片尾，梁朝伟扮演的周慕云把心中思绪全部倾诉给了吴哥窟中的一个小洞。

《古墓丽影》：这部动作电影的关键场面在于安吉丽娜·朱莉（Angelina Jolie）饰演的角色劳拉在塔布茏（Ta Prohm）寺庙废墟的戏份。

柬埔寨

周边景点

戈公市（折页 E5）

科波伊河（Koh Poi River）边上的戈公市（也称为Dong Tong），在西哈努克市西北部220千米处，有约5万名居民。戈公市在建造N48路以后发展极快，从道路旁至到10千米以外柬埔寨边境的旅客提供服务的几间房屋，发展到可供所有觉得西哈努克市太过喧闹的人使用的避世所。生态旅游方面有着迄今为止几乎没有利用过的潜力：戈公市被河流、海滩和整片红树林围绕着，远处耸立着海拔1 800米的豆蔻山脉，还有继缅甸之后的东南亚大陆第二大密林区。周围有几条瀑布倾泻而下，如5米高的塔太瀑布（Ta Tai）（戈公市东部20千米处）、可珀瀑布（Ko Por Waterfall）、科保柴瀑布（Kbal Chhay Waterfall）。您还可以前往戈公岛（该国最大的，但几乎无人居住的岛屿），向山里跋涉和进行吉普车之旅，以及乘船旅览至边格罗索野生动物保护区（Peam Krasaop Wildlife Sanctuary）。野生动物联盟（Wildlife Alliance）的重新安置站（住宿和旅游信息详见 @ wildhifereleasecambodia.blogspot.com）就位于豆蔻山脉里。

四河流动生态小屋（4 Rivers Floating Eco Lodge，12间客房。⌂ Peam Krasaop ⓞ 14:00和17:00可从Tatai 村乘船 ¥ ¥¥¥ ⓟ 金边0 23 21 73 74 @ www.ecolodges.asia）特别适合寻求平静的人，它更像是一个浮动的豪华帐篷，隐蔽在密林中的河岸旁：您可以直接从露台跳进水中。除了游览自然风景、划艇和泡温泉，也没有其他别的活动可做了。不建议在雨季前往此地。

边境旁的世界野生动物园吸引了更多对娱乐项目痴狂的人（尤其是泰国人）。位于北部郊区的小绿洲（5间客房。⌂ Smach Mean Chey ¥¥ ⓟ 0 92 22 83 42 @ oasisresort.netkhmer.com），正如它的名字那样，有朴素而适合家庭出游的平房别墅（设有卫星电视、冰箱），配有连接到泳池的阳台。在绝美的水域边，您可以在特莫拉蟹屋（Thmorda Crab，⌂ Neang Kok ¥¥ ⓟ 03 56 90 12 52）享用美食，尤其是海鲜。这些地方也有为游泳者准备的瞌和沙发，但等位时间较长。@ www.koh-kong.com

瑞姆国家公园（折页 F6）

在瑞姆国家公园【也称为西哈努

海岸 / 金边

克寺（Preah Sihanouk），210平方千米），可以徒步旅行，也可以乘坐皮克瑞克河（Preak Reak Rivet）上的船游览。您可以进入丛林，到达安东-吞克瀑布（Andoung Tuek Waterfall），穿过栖息着鸟类（如鱼鹰、鹳、翠鸟）的红树林生态区，到达海滩和渔村。也可以在海上浮潜、观看海豚，还可以乘船到达遥远的海岛特梅岛（Koh Thmei）和阁塞岛（Koh Ses）（乘船约3小时可以到达）。🏠 西哈努克市东部18千米处，位于N4路，国家公园办公室有讲英语的工作人员 🕐 每日7:00—17:00 📞 0 12 87 50 96 ¥ 4小时游船租赁费35美元起，从西哈努克市出发的半日游大约20美元/人（取决于参加者人数）；两小时的观海豚游大约20美元/人 🕐 7:00—9:00和15:30—17:00，11月至次年3月

您可以住在海豚站（¥ ¥）的简易小屋或 携程推荐▶ **特梅岛度假酒店**（Koh Thmei Resort），7间客房。🏠 从克含岛村（Koh Kchhang）乘船60分钟可到特梅岛 ¥ ¥ 📞 09 77 37 04 00 和0 89 89 78 30 @ www.kohthmei-resort.com）的高脚屋里，位于带有珊瑚礁的贝壳形长海滩旁。在德国移民卡维塔（Kavita）和迈克（Michael）这里，您会住在此地目前为止唯一的海岛度假酒店，朴素且接地气，配备了太阳能、手电筒、蚊帐、露台上的吊床、冷水淋浴和电风扇。您可以游览这座40平方千米的大岛，观察稀有鸟类和蝙蝠，餐馆里提供高棉菜肴、海鲜和当地小吃，偶尔会供应蛋糕。

瑞姆国家公园：居民直接居住在皮克瑞克河边的高脚屋里

吴哥/暹粒

（Angkor & Siem Reap）从1 000多年前开始，吴哥王朝（802—1431年）在吴哥统治着超过100万臣民，拥有中南半岛南部大部分地区的控制权。王朝灭亡后，建筑物逐渐被丛林湮没，它们是最伟大的杰作和建筑奇迹。

吴哥古迹虽然名列联合国教科文组织公布的《世界遗产名录》，然而这里的一切都让它看起来不像博物馆：约30 000人在这片地区生活和工作；佛像前面摆放着线香和小祭品。婚礼聚会就在世界上最大的神圣建筑吴哥窟前举办，新娘多是传统装扮：穿着金色闪闪发光的服装，用木槿花装饰的头发上戴着王冠，就像是阇耶跋摩七世国王的公主再世——但当时并不穿笨重的厚底鞋。

随着游客的迅速增加，距此6千米的暹粒已经从一个昏昏欲睡的集镇转变为热闹的旅游中心——前往吴哥的旅行者在这里会发现带有酒店和餐厅的完整旅游基础设施。在乘船游览时，您可以观赏到似乎没有尽头的洞里萨湖及其船屋住宅区和高脚楼。乘船之旅在马德望结束，它是柬埔寨第二大魅力城市。

上图：塔布茏寺（Ta Prohm）

> 吴哥窟是柬埔寨的象征——这点毫无争议。

吴哥

（折页F2）黎明时分，巴士和突突车从暹粒出发，穿过约6千米长的道路，开往闻名世界的吴哥窟。古迹出现在地平线上，就像剪影一般。

800余岁的吴哥窟拥有3层长方形回廊式庙山，层层高叠，象征印度神话中位于世界中心的须弥山。庙山顶部的5座宝塔，象征着须弥山的5座山峰。相邻的寺庙飘荡出的诵经声，显示僧侣们正潜心修行。在吴哥约1 000平方千米的区域中曾经坐落着600座寺庙！今天仍然保留着将近100座寺庙的废墟。除了吴哥窟这座著名的寺院，特别出色的还有：吴哥城（Angkor Thom）中巴戎寺"吴哥的微笑"，被丛林巨树的根部牢牢抓住的塔布茏寺和飞天女神。砂岩中雕

柬埔寨

巴戎寺废墟中的佛像

刻的无数雕塑和浮雕描述了毗湿奴、印度教神祇的样貌,以及高棉的日常生活。他们都是高棉高度文明的不朽证人。

寺庙群门票可在吴哥考古公园(Angkor Archeological Park)售票处购买(🕐 每日5:00—17:30)。大多数寺庙位于暹粒以北6~12千米处,每日从5:30直到日落开放(最晚18:00,寺庙在日落之后关闭)。门票为1天20美元(需护照及照片,照片可在现场拍摄),3天门票(有效期1周)为40美元,7天门票(有效期1个月)为60美元,12岁以下儿童免票(@ www.autoriteapsara.org)。17:00之后买票的人,可以即刻(门票不作废)跟随人群进入寺庙里的日落繁华美景中。导游需约24美元(@ www.guideangkor.com)。

共有两条公路通过该建筑物:17千米长的小环路和26千米长的大环路。请最好购买3天票进行这场环游,可使用出租车或租用汽车出行(只在吴哥内用车仅需20~25美元,否则需约45美元),还可以乘坐突突车(约15~25美元/天)、摩托车(约8~10美元/天)或骑自行车(1~4美元/天。@ www.thewhitebicycles.org,上面说明了他们对贫困人口和社会项目的捐款情况),部分地区有小电动车(大约3.5美元/天)。所有的交通工具都可以在旅馆内预订。您可在巴戎寺附近骑大象(10分钟15美元),或骑到巴肯寺(Phnom Bakheng)观赏十分受欢迎的日落美景(只乘坐大象需15~20美元,需要提前预订)。

柬埔寨-德意志弱势青年救济机构KKO为游客提供到荔枝山的旅行项目。除徒步旅行外,还提供 当地推荐▶超棒的越野自行车之旅:沿着40千米的骑行之路穿过稻田和村庄,越过溪流、树桩和岩石,到达游客很少的寺庙废墟(🏠 该办公室在波卓街道 🕐 8:00—13:00 ¥ 需"捐赠"30~40美元 📞 0 93 30 36 56 @ www.kko-cambodia.org)。

成千上万业余摄影爱好者都喜欢的观赏日出(🕐 5:30—6:30在吴哥窟之前)和日落(🕐 大约17:30—18:00在☀巴肯寺及☀吴哥窟上)的地方,在3月和11月通常都人满为患。这里推荐一些安静的去处:在清晨时,巴戎寺很值得一去——神秘的佛像逐渐出现在阳光下,或者去塔布茏寺和☀巴肯寺。傍晚时分和日落时,您可以去巴肯寺(🏠 暹粒以东25千米处)

吴哥 / 暹粒

或荣寺（Phnom Krom，暹粒以南12千米，洞里萨湖附近），以及比粒寺（Pre Rup，吴哥窟东北部约8千米）或古老的皇家浴池（Sras Srang，吴哥窟东北部约6千米处，塔布茏寺附近）。午时分，寺庙里几乎没有游客，即使是在9月和10月的雨季也是如此。如果您对树根蔓生的寺庙感兴趣，除了塔布茏寺，还可以考虑去吴哥考古公园参观斑黛喀蒂寺（Banteay Kdei）（12—13世纪）和塔逊寺（Ta Som）（12世纪）。几乎没有游客也没有树根蔓生的寺庙是位于吴哥市外的奔密列（Beng Mealea，东部60千米处，门票5美元）和贡井（门票10美元）。

参观吴哥古迹应该穿一双舒适的鞋子，准备好雨伞及足够的水，还要穿得体的衣服（覆盖住肩部和膝盖），因为这是一个宗教场所！任何情况下都不要给乞讨或卖饮料的孩子钱，他们是不再去学校上学的孩子。如果在寺庙里，和尚或寺庙工作人员递给您一些线香，用于在佛像前祈祷，请您亲切地微笑拒绝或拿着燃烧着的线香在寺庙前三鞠躬——自然需捐几瑞尔（注：柬埔寨货币名）。

值得一看

吴哥城（巴戎寺）★

吴哥城又称"大吴哥"，始建于9世纪，阇耶跋摩七世在位时（1181—1215年）大规模重建。重建后的吴哥城拥有近100万居民，比当时欧洲任何一个城市都大。吴哥城共

必游景点

★ **吴哥城（巴戎寺）**
200个砂岩佛头雕像和"高棉的微笑"被永恒保存在这里。→ P.59

★ **吴哥窟**
在吴哥，没有任何建筑比国王苏利耶跋摩二世的这座著名寺院更雄伟的了。→ P.60

★ **塔布茏寺**
这里仿佛被施了魔法：整个寺庙被古树的巨根抓住。→ P.63

★ **乘直升机鸟瞰古迹**
坐上飞越吴哥上空的直升机，欣赏梦幻般的鸟瞰场景。→P63

★ **班蒂斯蕾（女王宫，Banteay Srei）**
异常奇妙：提娃妲女神（Devata）的目光不断追随着游客。→ P.63

★ **荔枝山和高布斯滨（千林伽河）**
佛像和毗湿奴像平静地躺在这里，吸引着游客到来。→ P.65

★ **柏威夏寺**
位于泰国边界的世界遗产，能眺望周边的壮丽美景。→ P.66

★ **飞天女神剧院（Apsara Theatre）**
在暹粒观看舞蹈与享用高棉菜。→P77

★ **吴哥莱佛士大酒店**
殖民时代风格浓郁的建筑，并有极尽奢华的装饰。→ P.80

★ **洞里萨湖**
暹粒的"漂浮"村庄与水中森林。→ P.81

柬埔寨

有5座大门,最受游客欢迎的是南门(🏠 吴哥窟以北2千米),南门外护城河上桥梁的两侧,分别站着54尊善神及54尊阿修罗(恶神)。这些神像手持巨蛇,象征着印度神话"搅拌乳海"(展现了天神与恶魔的纠葛,展示了神贪婪的一面)。在城门上方的塔顶,4张巨大的佛像面孔望向天空的每一个方向。古城中心处,吴哥唯一一座大乘佛教国寺巴戎寺极其醒目地矗立着。巴戎寺建于1219年,共分3层,上层为圆形布局,立有佛塔,下两层为方形布局,有藏经阁和修道场。巴戎寺中心最高的佛塔周围,有48座四面佛塔围绕,加上5座城门塔,共54座石刻佛塔(现存37座),象征当时吴哥王朝统治下的54个省份。佛像的面部,均依阇耶跋摩七世的形象雕刻成面带笑容的样子,这就是著名的"高棉的微笑"。

巴戎寺的浮雕共1 200米长,刻画了11 000余个人物。最精彩的壁画位于东侧,主题有高棉的战争历史与平民生活。以平民为主题的壁画,整个吴哥古迹群中只有此处可见。走到巴戎寺顶层平台上,您将置身于37座四面佛石雕所组成的迷宫之中。西侧的四面佛较低,适合拍照。最安静的时候是清晨日出时,然后就是16:00—17:00,在其余时间拍摄更为理想。

参观完巴戎寺,您可向北信步200余米,到达巴普昂寺(Baphuon)。这座寺庙由11世纪中叶的国王优陀耶迭多跋摩二世建立,最初供奉湿婆,15世纪时改为佛寺。20世纪初,巴普昂寺已坍塌大半。维修团队将石块取下并建档。后来维修档案遗失。1995年开始,人们借助计算机技术重启修复,但进展较为缓慢。例如那两个看台(🕐 每日6:00—15:00可进入)和西部立面上2008年才修复完成的约70米长的卧佛。紧临巴普昂寺的是长约350米的斗象台,大象、迦楼罗鸟和狮子的浮雕被刻在墙上。后部(西部)矗立着一座多层楼高的 ☀ 空中宫殿(Phimeanakas)遗址,还有一个供男女共用的浴池。再往前不远,您会来到25米长的癫王台。其上有一座雕像,有人说它是死神阎摩(Yama),有人说那是患上麻风的耶输跋摩一世(Yasovarman I),这座雕像是复制品,原件在金边国家博物馆。还要注意的是,惊人地保存完好的 当地撷赏 来自13世纪的浮雕,有天仙女神舞者、恶魔和那伽龙。它隐藏于南内墙的露台下方。

吴哥窟 ★ ●

12世纪上半叶,国王苏利耶跋摩二世(Suryavarman II,约1112—1150年在位)将毗湿奴作为至高无上的神祭拜,建立了这座雄伟的建筑作为国家寺庙,后来又将其作为陵墓。吴哥窟在当时只有国王、高级僧侣、官员和他们的仆人可以进入,共计约20 000人。部分已被修复的寺院以完美的几何图形象征了须弥山和印度教,每位游客都可骑马通过入口后穿过此处:首先是在190米宽的垄沟("原始的海")上的砂岩桥,然后是将近500米长的水坝与7头那伽蛇,作为"尘世访客"进入圣殿的象征性桥梁。

越过十字形的露台并通过入口,您就到达了画廊,左边和右边两侧围绕着寺庙中心:这里有总长800米的世界上最长的平面浮雕,内容涵

吴哥 / 暹粒

人来人往：吴哥寺庙建筑群像是富有魔力般吸引着人们

盖吴哥日常生活、印度罗摩衍那、高棉史诗神话、摩诃婆罗多史诗神话（Mahabharata）。一大群传说中的神猴、将军和战士、大象和战车处在历史上的战役中。苏利耶跋摩二世在下一个画廊（南侧）中可见，被15块庇护板保护着。在拐角处再次转弯，在东部画廊的过道里，是最著名的浮雕"搅动乳海"：天神和阿修罗为了取得能使他们长生不死的甘露，把龙王婆苏吉（Vasuki，一说是五头蛇Naga）当作搅杵，搅拌乳海。此外还有关于以下印度教神明的壁画：神猴哈努曼（Hanuman）、战神陀罗（Indra）、一个五头湿婆（Shiva）和化身为海龟的毗湿奴。如果您再次回到西侧浏览的开始处，您可以浏览最著名的罗摩衍那神话故事，即兰卡（Lanka）之战：罗摩在哈努曼的肩膀对战多头魔王罗波那（Ravana），因为魔王绑架了罗摩的新娘悉多（Sita）。通过庭院和陡峭的楼梯，游客可到达第三层的几何中心点，在42米的高空中可欣赏惊心动魄的60米高的莲花芽形中央塔的全景。曾镀了金的毗湿奴的大殿如今供奉着1尊佛像；吴哥窟里单计飞天女神像就约有1 850尊。吴哥窟位于暹粒以北6千米处，请一定要在不同的时间里多参观几次：最安静的参观时间在7:30之前或10:30—15:00（有屋顶的画廊），最美丽的光景在下午，北部盆地是拍摄日出的最好位置（但参观者一直很多）。

巴肯寺（折页F2）

没有巴肯寺（🏠吴哥窟西北1.3千米，吴哥城南门以南400米），吴哥就没有完美日落——傍晚时分会有数以千计的业余摄影爱好者登上这座67米高的寺山（在889—910年在位的耶输跋摩一世统治下建立），人们称之为每夜的"日落战役"。从吴哥第一座寺山可以望见吴哥窟及其他建筑、稻田、湖和山的壮丽美景，值得您耗费15分钟攀爬陡峭的石阶。您也

柬埔寨

可在一天的其他时间到访（例如从日出到11:00）。该寺庙遗址耸立在五层平台中，一条楼梯往上延伸，两侧矗立着守护狮和炮塔。山顶的大象骑行需及时预订（¥ 15~20美元）。

圣剑寺（Preah Khan）（折页 G2）

阇耶跋摩七世于1191年建造完成的大型寺庙（吴哥窟东北1千米，距吴哥城北门约7千米），以它的塔、走廊和拱门、72个巨型砂岩迦楼罗守卫和精心雕琢的优雅的飞天女神像给人留下了深刻印象。这个伟大的圣殿曾先后供奉过515位印度教和佛教神明，这里也举办宗教节日和祖先祭礼。它还作为寺院学校和古老诊所，在吴哥城建设前期还曾作为国王的临时住所。东部入口附近有一座拥有圆形柱子，偏希腊风格的建筑。也许因为皇家圣剑被保存在这里，寺庙便以此命名。东大门（后方）附近的

当地锦囊 华丽景象：两棵无花果树交叉于屋顶之上，它们的根紧紧依附着屋顶。最佳游览时间为12:00—14:00。您在西门附近的世界文化遗产基金会（World Monument Fund，www.wmf.org）的游客中心可以清晰地看到1991年以来的修葺作品，如"火神殿"休息室出色的重建成果。

茶胶寺（Ta Keo）（折页 G2）

穿过狭窄、高耸的台阶就可以到达茶胶寺顶部（吴哥窟东北约6千米），它自阇耶跋摩五世（Jayavarman V）时期（10世纪末）开始建设，但可能从来没有完工过。这座神殿是为纪念湿婆而建立的，可通过他的坐骑（跪在入口处的公牛南迪）和建筑中象征男性生殖器的林伽标志辨认出来。茶胶寺几乎没有雕刻，但在顶层可以俯瞰吴哥城全貌。

茶胶寺顶部的视野非常值得一看

吴哥 / 暹粒

塔布茏寺★（折页G2）

被木棉巨树和无花果树的根部牢牢束紧，瓦砾、石塔和歪斜的门楣之间全然笼罩着一股神秘气息。由于1186年阇耶跋摩七世时期已修造的寺院（🏠吴哥窟东北约7千米）出于修复目的被关闭了（木走道路除外），这座寺庙是吴哥最迷人和最富有情趣的地方之一，向人们展示了建筑物是多么脆弱。在这里您可能感觉自己像吴哥最早的探险家之一亨利·穆奥一样，或像安吉丽娜·朱莉（Angelina Jolie）在动作片《古墓丽影》中那样。2000年，朱莉在此地拍摄了一个关键场景，有人因此称塔布茏寺为"安吉丽娜·朱莉寺"。《古墓丽影》主角劳拉通过降落伞在巴肯寺着陆，并且被一位僧侣赐福，接着她跳跃过塔布茏寺的栏杆，并且在废墟前现场安装火箭发射装置。参观此处您只能在游客人群之间插空等候。（附近位于东南方的 当地推荐 寺院废墟斑黛喀蒂寺建于12—13世纪，同样是一个吸引人的景观。您可以在入口处倾听残疾高棉音乐家的演奏）。

塔布茏寺是一座低矮的佛教寺庙，由护城河和方形画廊围住。鉴于庭院里迷宫似的乱石堆，您几乎无法想象：这里曾经住有约12 000人，其中包括许多僧侣。这里日出、日落时特别美丽和安静，时间约在7:30前和16:00后。

美食

吴哥的美食总是距离很近。在所有著名的寺庙前，您都会找到美食摊和纪念品商店。值得推荐的是吴哥窟前的索菲亚和马修餐馆（Chez Sophea & Mattieu，💴¥¥¥）。在吴哥咖啡馆（Cafe d'Angkor，🏠吴哥窟前💴¥¥）和在高棉（Eat at Khmer）（🏠吴哥窟和皇家浴池之前）用餐，价格较为实惠。

旅游观光

当地推荐 哈努曼

您觉得以一种全然不同的方式结队徒步旅行怎么样？在偏远的寺庙（如柏威夏寺和贡开）附近，您可以住在舒适的帐篷内——柬埔寨最古老的旅行社使这样的项目成为可能。🏠5 Krom 2，暹粒 📞0 63 96 32 13 @ www.hanuman.travel

乘直升机鸟瞰古迹★

您可以鸟瞰巨大寺庙的全景：8分钟的飞行，即只观看吴哥窟，费用为90美元；14分钟费用为150美元。更偏远的航程费用也更昂贵，如柏威夏寺。🏠658 Hup Guan Street，暹粒 📞0 63 96 33 16 @ www.helicopterscambodia.com

周边景点

班蒂斯蕾（女王宫）★（折页F2）

这个小寺庙直到1914年才被法国科学家发现，它有着吴哥最令人印象深刻的石雕作品，如今迎来大量旅行团到访——许多区域因此被封锁，防止大量参观者进入，以保护这些杰作。这个用红砂岩创作的圣殿（建于10世纪），以绝对完美的、童话般美丽的，特别是看起来十分生动形象的浮雕使人着迷，尤其是美丽的提娃妲女神——她的眼神似乎一直跟随着游客。

柬埔寨

米农的"平静的生活"迷惑了人们。班蒂斯蕾(女王宫)是参观人数最多的寺庙之一

请在南部入口处仔细观察,多头的魔王罗波是如何震动神山冈仁波齐的,湿婆和乌玛(Uma)就端坐在此山上。

请您务必在7点前到达——从7:30起旅游巴士就会陆续到达这里,中午时分(14:00起有最美的灯光)或傍晚(16:00,🏠 吴哥东北约25千米,距暹粒约35千米 🕐 每日5:00—17:00)最适合参观这座寺庙。可以与下面几个地方组合成一日游进行参观游览:高布斯滨(Kbal Spean)的水底浮雕(西北部12千米)、荔枝山和地雷博物馆,以及可以一早动身前往的奔密列。

班蒂斯蕾蝴蝶农场(Banteay Srey Butterfly Farm) 👽 (折页 F2)

需要消遣娱乐的人,特别是携带儿童的游客,来这里就对了!热带花园中,数以千计柬埔寨特有的蝴蝶正翩翩飞舞。这里是一个比别处更丰富多彩的地方,是摄影爱好者的天堂。《导游指南》中描述了蝴蝶的生命周期,从该地区的毛虫养殖农场,到动物园的毛毛虫,到化蛹和茧的孵化(副产品是用于丝绸生产的丝),再到最终绽放。通过蝴蝶农场的项目,其周边城市和毛虫农场将获得支持。🏠 暹粒以北25千米,在前往班蒂斯蕾的路上 🕐 每日9:00—17:00 💴 门票成人4美元,儿童2美元 @ www.angkorbutterfly.com

阿奇拉(Aki Ra)的地雷博物馆[柬埔寨地雷博物馆(Cambodia Land Mine Museum)和救济机构](折页 G2)

博物馆的创始人阿奇拉是一名有多年排雷经验的士兵。该博物馆包括一个可用探测器巡查的地雷训练区、一个放置了许多无效地雷的信息展览区,还展示有手榴弹和

吴哥 / 暹粒

其他武器。此外，这里有一所学校和一个 🛇 地雷受害者康复中心。请不要将它与位于N6街的纯商业采矿博物馆（Minen Museum）混淆。🏠 暹粒东北的吴哥遗址上，班蒂斯蕾以南约6千米 ⏰ 每日7:30—17:30 ¥ 门票5美元 @ www.cambodialandminemuseum.org

荔枝山和高布斯滨（千林伽河）★（折页G2）

海拔487米的神圣的荔枝山在同名的国家公园里被视为高棉帝国的发源地。公元802年，阇耶跋摩二世作为第一个提伐罗（Devaraja）——一个像神一样被崇敬的国王——在此地加冕，建立了真腊国。特别是在周末，它以壮观的风景吸引了许多高棉人到山顶的佩安托姆寺（Wat Preah Ang Thom），他们在此地停留大约10分钟，向佛陀献上供品，然后到附近30米高的瀑布旁野餐。

雨林深处，在巨大的荔枝山高原西部的山麓，隐藏着高布斯滨（也称为千林伽河），它于1969年才被一位法国科学家发现。这条小溪在近1 000年前就流过无数刻在岩石上的浮雕，罗摩衍那、躺着的毗湿奴、梵天和湿婆、飞天和数以百计的"小林伽"——男性生殖器形状的生育符号，它象征着湿婆并使得河水灌溉过的稻田更肥沃。不要靠近那条略有上坡的道路（1.5千米），因为该地带是以前的战区，目前正在由德国专家进行扫雷。高布斯滨包括在吴哥门票内，并且只开放到15:00 🏠 暹粒东北部45千米，距班蒂斯蕾12千米 ¥ 荔枝山需花费20美元额外的道路使用费

在游览高布斯滨时，您可以顺便访问ACCB的德国动物保护者和他

飞天女神、林伽和那伽

飞天女神——美妙轻盈的女舞者，通常出现在浮雕上。
菩萨——达到自觉（自身得到解脱）、觉他（使众生得到解脱）两项佛教修行的果位者。
提伐罗——创立高棉帝国的神君。
法（Dharma）——佛教教义。
提娃妲——一位经常装扮得很华丽的女神，也是笔直站立着的守卫者。
瞿布罗（Gopura）——寺庙入口的塔形门或亭子。
业力（Karma）——一种宗教用语。
林伽（Lingas）——湿婆的标志。
观音（观世音）——佛教的一位菩萨。佛教说他大慈大悲，救苦救难，有求必应。
那伽（Linga）——古老的蛇和龙外形的神，是湄公河和许多东南亚王国的创造者。那伽神通常在楼梯或栏杆的末端以多头眼镜蛇的形状出现。
圆寂（Nievana）——佛教全部修习所要达到的最高境界。后世也称僧尼逝世为"圆寂"。
Phnom——山。
帕撒塔（Prasat）——寺庙塔。
梵语（Sanskritt）——古印度语。
Stung——河。
寺庙（Wat）——佛教寺院。

柬埔寨

们当地特需为稀有动物建设的动物抚育站，吴哥生物多样性保护中心 🏠 Kbal Spean ⏰ 1.5小时的导览，周一至周六13:00 📞 0 99 60 40 17 💴 需少量捐赠 @ accb.cambodia.org

柏威夏寺★（折页G1）

在陡峭的扁担山脉的一个蔚为壮观的位置上，柏威夏寺就坐落在柬埔寨的最北端。这座寺庙（建于9—12世纪）位于柬泰边境地区的柬埔寨土地上。联合国教科文组织于2008年将柏威夏寺列入《世界遗产名录》。在陡峭的那伽楼梯和4个露台上，圣殿耸起到600米的高空，附带罗亭子、柱子、塔和画廊。在☀最顶端的高原上，地面在一个岩石悬崖边裂开，并展现了一幅纵览四周景色的震撼人心的景象，它空旷而荒凉地延伸到寺庙访客脚下。由于仍残存不少地雷，这片地区几乎没有任何住宅。那些少有柬埔寨人到访的寺庙常年有泰国人拜访——大批的泰国旅行团蜂拥而至。即便这样该寺庙也可称得上当地特需亚洲最宁静的世界遗产之一！请您前往旅行之前先了解一下当前形势。🏠 暹粒以北约200千米，开车需要3.5小时，在穿过安隆汶的新路N67上，此处许多酒店正在建设中 ⏰ 5:00—17:00 💴 搭乘山上的四轮驱动车辆需额外付25美元。

罗洛聚落（Roluos Group）（折页G2）

巴孔寺（Bakong）、可寺（Preah Ko）、罗雷寺（Lolei）位于高棉帝国前首都的遗址，由阇耶跋摩二世于9世纪创建。诃里诃罗洛耶（Hariharalaya），是根据一位印度教神明哈利·哈拉（Hari Hara）命名的。它首次使用砂岩代替木头和砖块建造。最令人印象深刻的是，中心处为崇敬湿婆而建的5层的巴孔寺（881年建造），其☀中央塔是吴哥风格

柬埔寨最神圣的山上的佩安托姆寺

吴哥 / 暹粒

的（金边的独立纪念碑便是仿照它而建），由另外8座塔及其遗址包围着。北部矗立着的可寺的6座寺庙塔，它们由南迪——湿婆的坐骑、守护者和石狮——守卫着。许多大门上都有十分引人注目的卡拉（Kala），一个有着大嘴巴和深陷眼睛的恶魔。🏠 暹粒以东13千米，往金边方向的N6路上，罗洛附近（部分目前正在修复）。

西巴莱（West Baray）（折页 F2）

对比大多数从吴哥时代至今的灌溉设施和沟渠被淤塞或干枯，17平方千米的西部大水池仍然被使用着。高棉帝国的权力机关通过对水的掌控和季风时代的明智开发来表明自己的统治地位。高棉国王首先建立起巨型水库，使将近8万个农夫的土地在干旱季节得到灌溉。在雨季时节，多达4 000万立方米的季风水补充了这些池塘。季风水通过一个自然梯度的渠道网流到田野里。因此，高棉通过一年多次的收成提高了稻米产量。

您也可以享受前往湖中央西梅奔寺（West Mebon Tempel）的乘船之旅或享用一次野餐（鉴于并不那么诱人的水域，关于高棉游泳的乐趣看看就好）。🏠 机场后面的N6路，暹粒和吴哥以西约9千米。

马德望

（折页 F3）柬埔寨的第二大城市（18万居民）呈现出一片一览无余的绿洲景象，设有林荫大道，棕榈和鸡蛋花树位于几座富丽堂皇的宝塔之间。

沿着桑岐河（Stung Sangker）河滨路和热闹的3号街道可以发现许多法属殖民地建筑和中式别墅，如雄伟的州长官邸以及典型的商铺。这座省会特别值得一看，尤其鉴于它安宁和平静的气氛，距离暹粒两个半小时车程，十分适合作为繁忙旅程中的休憩处，或作为从泰国来或前往泰国的中转站。早晨是漫步于中央市场的最佳时间。中央市场是一座金字塔形的赭黄色建筑，作为带有钟楼的现代高棉建筑代表不容错过。由于该省作为国家米仓属于柬埔寨最富饶肥沃的地区之一，水果、蔬菜、大米产量丰富。这里也盛产宝石。

美食

河边夜市的美食摊在下午时分就挤满了客人，他们为坐在塑料凳子上的客人提供简单的高棉小吃（¥ 几乎不超过1美元），喜欢炸蟋蟀的人一定会热爱这里。

白玫瑰餐厅（White Rose）

该餐厅常常满座，提供高棉菜和亚洲菜等多种选择（大份菜肴2美元），服务态度好。🏠 Street 2，与西河滨路平行的路，吴哥酒店旁边 🕐 每日 ¥ ¥ 📞 0 12 69 38 55

户外活动

小船、划艇和自行车旅游

在河边或河上自由自在地骑车或划船，穿过旧铁桥和棕榈树进入乡村里，在这里时间仿佛停止了：沿着蔬菜梯田，穿过渔村的竹制高脚楼，穿过寺庙和茂盛葱郁的林区（更多信息请咨询：Green Orange

柬埔寨

Kayaks @ www.fedacambodia.org）。柬埔寨最美的游船在桑岐河上缓缓地开过，穿过巨大的洞里萨湖，朝着暹粒方向驶过沼泽、鸟类保护区［如皮克拖（Prek Toal）］，沿着无数船屋的方向航行，最好的游览时间是从8月到次年1月（根据水位游览4~10小时。不建议在最干燥的季节3—5月游览，因为这时船经常会由于超载搁浅）。

竹火车（Nori）

竹火车是由废弃坦克上拆下的两排车轮，架上竹制平台，再用汽油发动机驱动，在铁轨上行驶的交通工具。时速可以高达40千米/小时。柬埔寨人常用其运送大米、家禽家畜和轻便摩托车。当另一列竹火车或者一列来自金边的货运列车在铁轨上迎面而来时，全部人都要起立并将竹火车从轨道上抬下来。别担心会有危险：货运列车的速度甚至比竹制火车还慢，并且每隔几周才会运行一趟（也就是说，只有轨道完好无损时，货运列车才会按这个周期运行。如果轨道出现故障，那么竹火车的运行时间会变得不确定）。从 Ou Dambong车站出发，市中心以南约3千米处河岸东（有路标）现场购票约5美元/人，取决于乘客数量或是否完全为游客运行。更多信息请咨询所在酒店。

帕楼西帕克（马戏学校）（Phare Ponleu Selpak）

在这里，目前约有100名儿童和青少年，其中包括30名孤儿和街头儿童正在接受成为艺术表演者的培训。此外，在音乐、戏剧、舞蹈、绘画和裁剪方面也有相关课程。学校负责人与孩子们签订口头协议：只有参加了学校课程，他们才可以在马戏团帐篷里尝试扮演小丑、魔术师或参与空中飞人表演。工作日8:00—11:00

柬埔寨家族企业——马德望小摊

吴哥 / 暹粒

和14:00—17:00，游客可以观看练习和演出。🕐 表演时间为周一，周四的19:00—20:00，周六的18:00—19:00，紧接着可享用晚餐（6—7月不定期提供）🏠 Anh Chanh Village，毗湿奴雕像以西约1千米处，在N5路向右转入一条乡村小路（设有路标）💰 约6美元 📞 0 53 95 24 24 和 0 12 82 14 98 @ www.phareps.org

接在河边的丛林中享用质朴的田园风味美食（别忘了带驱蚊剂），有玉米煎饼和汉堡、意大利面和比萨、辣椒肉和"罗伯特猪排"等丰盛的美食。下午时分，河畔是一个美妙的世外桃源。夜晚时，酒吧里挤满了人。🏠 马德望南部河滨路西边（Street 1），N57路往拜林方向的角落 🕐 周二至周日16:00—23:00 💰 ¥¥ 📞 0 53 73 03 13

夜生活

麦迪逊角（Madison Corner）

这里的特色是法国菜式，主要供应薄饼和多种沙拉、快餐、冰激凌和各类烧酒、啤酒、鸡尾酒、自制朗姆酒。还有早餐和奶昔。🏠 Street 25，市场西南方 🕐 18:00起 💰 ¥

河畔露台（Riverside Balcony）

一个美丽的旧木房子，您可以直

住宿

马德望是拥有 当地推荐 ➤ 性价比最高的酒店的城市。

国王FY酒店（King FY）

这座河滨高棉酒店提供了超棒的城市全景（不是只有天空酒吧的屋顶餐馆才能看到），带Wi-Fi的客房内配有美丽的老式家具、花卉图案壁纸、

柬埔寨特色：乘坐竹制火车出行

柬埔寨

美丽而厚重的雕刻艺术木床、现代浴池和室内游泳池。65间客房。🏠 306 Street 155，Romchek 4 ¥¥ ☎ 0 53 95 29 01 @ www.kingfyhotel.com

拉维拉别墅（La Villa）

在这座20世纪30年代的殖民地时期的别墅里，客人住在一些庞大的、由立柱支撑的客房里，设有露台或阳台，部分屋顶下配有时尚的混合古董家具（写字台、柜子、木床、屏风）和现代化的设备（平板电视、DVD）。2号房需通过一个椭圆形艺术装饰风格的翼门进入！泳池绿洲位于花园里，极棒的餐馆与酒吧位于玻璃建筑之下。7间客房。🏠 185 Pom Romchek 5，河滨路东侧 ¥¥¥ ☎ 0 53 73 01 51 @ www.lavilla-battambang.net

皇家酒店（Royal）

这座保存完好的3层酒店，会为您提供最实用的旅游信息，客房装饰风格各不相同（部分配备卫星电视、空调、热水淋浴）。屋顶露台拥有超棒的全景视角。45间客房。🏠 市场西侧小街道 ¥¥ ☎ 0 16 91 20 34 @ www.royalhotelbattambang.com

周边景点

三破山（Phnom Sampeaul）（折页E3）

这座海拔160米的山丘隐藏着一个关于一条凝固成石头的船的传说，暹罗国王曾经用它将柬埔寨南部的茶胶市（Takeo）的公主宁伦塞苏（Neang Rumsay Sok）劫持到这里。

如果您在一些好奇的孩子和猕猴的陪伴下爬上了这700步台阶，您可以让眼睛徜徉在绿棕榈树顶、稻田和卡如山（Phnom Krapeu，又名鳄鱼山）的美景中。海拔400米的农南巴山（Phnom Banan）上端坐着一座11世纪的五塔寺庙，里面有许多石雕作品（🏠 马德望以南25千米）。三破山内部隐藏着许多洞穴，里面有佛寺、卧佛和两座带有壁画的宝塔。

每次日落时分的天空都在一个壮观的自然现象中逐渐变暗，即

省钱有道

在暹粒奇尔宾馆（Chea's Guesthouse）（折页0），亲切的德国、柬埔寨夫妇为您准备了带有卫星电视、免费自行车和丰盛早餐的整洁的客房，只需8~15美元。18间客房。🏠 N6路，市中心及老市场以东约2千米 ☎ 0 12 36 22 40 @ www.cheas-guesthouse.com

暹粒寺庙俱乐部（Temple Club）（折页b3）的减价时间会持续一整天，免费的仙女舞蹈表演吸引了许多精打细算的人到这里来吃比萨、汉堡和高棉美食（记得仔细检查账单）。🏠 Pub Street ⓘ 每日19:30—21:30 ☎ 0 15 99 99 09。

马德望的翡翠BB旅馆（Emerald BB）提供性价比极高以及舒适惊人的阳台房。15~20美元的价格根本不值一提。57间客房。🏠 Street 207，Romcheck 4 ☎ 0 53 95 38 89 和 0 77 47 47 89。

吴哥 / 暹粒

传奇之山三破山的顶峰坐落着装饰华丽的宝塔

● 🛈 数千蝙蝠从洞穴中成群飞向夜空觅食。🏠 马德望西南部12千米，N57路前往拜林方向 ¥ 门票3美元

🛈 帕撒塔磅农南巴酒庄（Weingut Prasat Phnom Banan）（折页F3）

在农南巴山（又名巴侬山）附近一座小山上的一个葡萄园里，生长了几千根葡萄藤，几乎令人无法相信自己的眼睛。自1999年以来，一对柬埔寨夫妇养护和培育了这座柬埔寨唯一的葡萄园里的这些脆弱的植物，直到最近才采用了非同寻常的方法，例如将葡萄放在塑料瓶里发酵，并将其埋进沙子里以更好地进行冷却。您可以在花园里试喝葡萄酒，也可以参观酒厂。行家们应该更喜欢在能汲取葡萄汁的地方驻足参观。西拉、赤霞珠和霞多丽以及白兰地在此地或马德望均有出售。请购买带有金色边沿的粉红色标签的葡萄酒。🏠 马德望南部约10千米，桑岐河西岸农南巴山方向沿着155路，在波萨拉村（Bot Sala）现代化的拜冬峦寺（Wat Bai Dom Ram）附近，较难找到 📞 0 12 66 52 38/39

暹粒

（折页F2）来新兴之城暹粒的游客都不是只在城内参观后就打道回府——该城是前往吴哥古迹的出发点。

一股旅游业开发热潮在千禧年之际席卷了这座小城（约15万居民）。一望无际的机场路上，一座粗陋的吴哥巴洛克梦幻风格的酒店位列最前面的位置。基于庞大园区设施和高尔夫球场发展的猛烈推进（1994年暹粒仅有3家酒店，今天已远远超过500家），一些评论家认为缺水、森林砍伐以及雨季中由此产生的洪水泛滥等

柬埔寨

从这里出发

旧市场（折页 b3）：在旧市场的水果摊贩和酒吧街林立的招牌之间，您会沉迷于这里的喧嚣中。尤其是在晚上，台球桌边围满了人。这里没有公交车，您可乘坐出租车、突突车、三轮车等来到此处。

导致高棉帝国灭亡的环境问题会卷土重来。

在林立的标牌中——煎饼、寿司、吴哥啤酒、卡拉OK，几乎不能够再看到暹粒迷人的本来面貌：暹粒桑岐河的岸上，一些法国殖民时期的建筑仍矗立在罗望子果的阴影下。光彩夺目的吴哥大酒店犹如浴火重生的凤凰一般重新拔地而起，查理·卓别林（Charlie Chaplin）曾经在此留宿。它在20世纪70年代被洗劫一空，但这座传奇酒店如今也吸引到不少游客入住。您也可以去城郊远足，例如沿着河骑行几千米，慢慢欣赏这个几乎与100年前一模一样的乡村世界。

值得一看

吴哥国家博物馆（Angkor National Museum）（折页 0）

在这里，您可以在参观寺庙废墟之前聆听一场非常棒的但也很昂贵的讲解。吴哥的许多雕像仅是复制品或已经不存在了。这座包含戏院（每15分钟演出一场）的现代化博物馆，按年代陈列的展品中包括佛像、高棉国王的半身像、刻有历史铭文的石碑以及来自不同时代的其他建筑的碎块。🏠 Vithei Charles de Gaulle，通往吴哥的路 🕐 10月至次年3月，8:30—18:30，4月至9月，8:30—18:00，公共假日除外（购物中心：每日10:00—20:00）¥ 门票12美元，附加英语音频导览需约2.50美元 @ www.angkornationalmuseum.com

柬埔寨文化村（Cambodian Cultural Village）● （折页 0）

这里有许多柬埔寨著名建筑的微缩模型展出，比如金边王宫。您可以漫步穿过不同民族的村庄，比如华人和占族。这里也有一些重要人物的蜡像展出，例如历史上著名的国王和本国的电影明星。百万富翁房（Millionires House）还有婚礼表演（每日10:35和15:15两场），这是一座重建的传统柚木别墅。🏠 市中心以西约1千米，在N6路机场方向 🕐 每日9:00—21:00。提供晚餐、自助餐，演出的餐馆：周五至周日18:30 ¥ 门票15美元，1.1米以下的儿童免费入场 @ www.cambodianculturalvillage.com

编辑推荐 吴哥保护区（Conversation D'Angkor）（折页 0）

数以千计的珍贵雕塑从100多年前起就被保存在这里厚厚的栅栏后面。男性生殖器形状的林伽柱纵横交错，恶魔们规矩地蹲成一排，旁边是无头佛像和湿婆像。据说这里曾发生过一起针对艺术品的抢劫。法国远东学校（L'École francaise d'Éxtrême-Orient，EFEO）自1908年起直到1975年，在吴哥进行修复工作期间收集了这些藏品。这座藏有6 000多件艺术品的储藏间不对外开放参观，但您可以尝试提前预约（有时某个守卫也会态度友好地让您进入参观并索要一点

吴哥 / 暹粒

小费）。德国飞天女神保护项目办公室（GACP，@ www.gaco-angkor.de）中，有工作人员乐意提供一些关于修复工作现状的咨询，即对吴哥窟1850座飞天女神和提娃妲女神像的修复情况。🏠 Phum Traeng，暹粒河北侧Pokambor Street偏外部，Khum Slor Kram区 🕒 每日8:00—18:00 @ www.efeo.fr

波寺（Wat Bo）（折页C3）

暹粒最古老和最受崇敬的佛寺之一。这里有美丽的壁画（作于19世纪末），其中一部分壁画展现了罗摩衍那、高棉史诗神话丰富多彩的场景——不是在其他地方随处可见的艳俗版本。您还可以在画作中找到中国商人和观看传统飞天女神舞蹈的法国战士。此外还有一些旧鼓也在此展出。🏠 Wat Bo Street，Theachamrat Street附近 🕒 周一至周四6:00—18:00，周五至周日6:00—17:00，舞蹈演出在晚上（详见P.77）

美食

您可以在旧市场（折页 b3）北侧的小吃摊吃上美味又实惠的小吃，例如经典汤面、炒饭和炒面，只要1.5美元。此外，暹粒的200多家餐厅正等待着客人的光临。许多漂亮的新花园餐馆就坐落在河边北岸的波寺街（Wat Bo Street）。

天使餐厅（L'angelo）（折页O）

这家独特的意大利餐厅在时尚的氛围中提供最美味的意大利北部美食，附带有当地特色的配料。🏠 Vithei Charles de Gaulle（在艾美酒店里），通往吴哥窟的路边，约以北2千米 🕒 每日18:00起 ¥ ¥¥¥ 📞 0 63 96 39 00

吴哥国家博物馆的千佛回廊

柬埔寨

萨瓦蒂美食花园（Sawadee Food Garden）（折页C1）

一个泰国家庭开的可信赖的泰国花园餐厅（有屋顶和室内空调）。您可以亲自在池中挑选鱼。该餐厅的价格非常低。🏠 Wat Bo Street，N6路以北约50米 🕐 每日 💰 ¥ 📞 0 63 96 44 56

鲜果工厂（Fresh Fruit Factory）

位于暹粒老市场附近的网红咖啡馆，由一对非常友好的日本夫妇经营，所有食谱都是老板娘发明的。在这里，你不仅能吃到暹粒最新鲜的水果沙冰、最美味的芒果法国吐司以及正宗的日式风味，还能感受到来自老板夫妇满满的友善与热情。🏠 155 Taphul Rd，Siem Reap Cambodia 🕐 周二一周日11:00—19:00（4月较特殊，1、8、12—17、22号闭店）💰 ¥~¥¥ 📞 0 81 31 39 00 @ https://www.fruitcambodia.com/

糖棕榈餐厅（The Sugar Palm）（折页a2）

这家传统风格的坐落于阳台上的餐厅主要供应美味的高棉菜。这里的葡萄酒单值得细细研究一番。晚上，它又是十分受欢迎的酒吧，提供价格极低的鸡尾酒，餐厅没有固定的打烊时间。🏠 Taphul Road 🕐 周日休息 💰 ¥¥ 📞 06 36 36 20 60 @ www.thesugarpalm.com

维鲁斯餐厅（Viroth's）（折页c3）

该餐厅的高棉菜和葡萄酒价格低得惊人，氛围简洁而优雅：棕榈园和发出潺潺水声的池塘之间，客人在有顶棚的露天餐厅里用餐。🏠 246 Wat Bo Street，住宅酒店后方 🕐 每日 💰 ¥ 📞 0 12 82 63 46 @ www.viroth-restaurant.com

购物

在暹粒购物会使人上瘾：传统市场（夜市）附近有许多商店（可讨价还价），特别是沿着希瓦塔街（Sivatha Street）有好几家大型的配备空调的购物中心（价格固定，不可讲价）。

旧市场 ● [Alter Market（Phsar Chas）]（折页b3）

纪念品和廉价品市场吸引力极强，使得人们在数以百计的摊位之间翻寻好几个小时，选购丝绸、银制品、工艺品、藤家具、各种尺寸的雕像、传统乐器、格罗麻围巾、首饰、DVD和CD，还有手提箱、包、家居用品、水果、鱼类、肉类——所有这些都聚集在该城市心脏的一个顶棚之下。别忘了讨价还价！向您力荐友好的皮希 当地推荐 14号小摊，这家的丝绸和首饰，尤其是银耳环，价格很公道。市场周围有许多精品店、工艺店和画廊。🏠 Pokambor Ave，河岸西部 🕐 6:00—20:00左右 💰 价格在每日早晨最低。

吴哥饼干——幸子夫人（Angkor Cookies – Madam Sachiko）（折页0）

吴哥饼干有着许多不同的口味，从咖啡味到椰子味再到胡椒味，此外还有巧克力、水果奶昔、茶、咖啡、棕榈糖——所有这些都是柬埔寨特色食品。这里还附带一个小咖啡馆。🏠 在通往吴哥的途中，索菲特酒店

吴哥 / 暹粒

对面 🕐 每日9:30—19:00 @ www.angkorcookies.com

吴哥夜市（Angkor Night Market）（折页a3）

吴哥夜市有将近200个竹子小屋手工艺品摊位，销售纪念品和原创的风信子产品、椰子、米纸、木头和皮革（木偶和皮影）。此外还有一个3D影院，偶尔还有现场乐队在茅草覆盖的海岛酒吧演出。🏠 希瓦塔街以西 🕐 16:00—24:00 @ www.angkornightmarket.com

吴哥艺术学校（Artisans d'Angkor）🌿（折页0）

这里出售的商品物美价廉。吴哥艺术学校起源于一个教育项目，成千上万的柬埔寨青年被培育成为石匠、陶艺家、织布工等，并且从中获益。有两个分校暹粒校区：🏠 Stung Thmey Street（可参观车间）🕐 每日7:30—18:30，以及距吴哥丝绸农场16千米的校区：🏠 N6路马德望方向，9:30和13:30有从主路出发的穿梭巴士 🕐 每日8:00—17:30，● 可免费参观从桑树种植园到养蚕再到丝绸编织的各个生产步骤，附带博物馆 📞 0 63 96 33 30 @ www.artisansdangkor.com

皮奇罗恩可纪念品商店（Pich Reamker）（折页b2）

在这里，您可以买到手绘面具和来自传统罗摩衍那、高棉史诗舞蹈的富丽的金色头饰。🏠 591 Hup Guan Street，中央市场后方 🕐 每日7:30—20:30

吴哥香料店（Senteurs d'Angkor）（折页b3）

在这里，您可以期待一场感官上的享受：香料、高棉咖喱粉和椰子油、手工肥皂、浴盐和虎标万金油、茶、咖啡、带有肉桂或姜味的米酒、线香、经典的贡布胡椒和腰果——真正美味的纪念品。🏠 中央市场对面 🕐 7:30—22:00

斯玛特里亚手工包店（Smateria）🌿（折页b3）

买一个用利乐包装牛奶纸盒做的时髦手提包，或是用回收塑料制成的钥匙坠，或是用渔网、塑料废料和其他"街边材料"设计制作的时髦配件吧！意大利人伊莉莎（Elisa）和珍妮弗（Jennifer）（在50位柬埔寨雇员的帮助下，部分是残疾人），展示出相当富有创意和环保意识的作品。🏠 The Alley West，Pub Street附近，金边机场也有一家商店 @ www.smateria.com

斯姆之家（Theam's House）（折页0）

将画廊、工作室、商店和花园集于一身：在这座现代化别墅里，您可以买到各种不同大小、形状和颜色的佛像，还有大象和壁虎雕塑、手提行李箱、家居配件等物品。🏠 No.25，Veal Village，Khum Kokchak，Sofitel 🕐 每日8:00—19:00 Angkor分店 @ www.theamshouse.com

问询中心

您可在所有宾馆和酒店咨询相关信息，并且这通常比在官方旅游局得到的信息更实用更全面（官方旅游局在莱佛士酒店对面）。值得阅读的

柬埔寨

购买纪念品的最佳地点——暹粒夜市

是陈列在各处供游客取阅的小册子：暹粒游客指南（Siem Reap Visitors Guide）、袖珍暹粒指南（Pocket Guide Siem Reap）和古吴哥旅游指南（Ancient Angkor Guidebook）。

活动

鱼医生按摩店（Dr. Fish Massage）●（折页 a3）

脚在参观寺庙时感到疲惫了？对于鱼医生而言，这不是问题。这里的小型淡红墨头鱼（也被称为坎加尔鱼）会咬去您脚部的角质和皮屑。这种动物疗法源于19世纪的土耳其。🏠 Angkor Night Market 🕐 每日16:00开始营业 ¥ 20分钟约1.5美元起 📞 0 17 41 24 75

缅栀子水疗（Frangipani Spa）●（折页 b2）

这里是暹粒最好的水疗中心之一。纤细的手、正确的施力、柔和的音乐、宜人的香水和罗望子果饮料，伴随着经典的热带按摩（60分钟35美元）、足部按摩、草药浴、高棉咖啡擦洗或面部护理，您可以在这里享受专业服务。🏠 24 Hup Guan Street，海滨酒店和中央市场之间的小路 🕐 周二至周日10:00—20:00 ¥ 水疗套餐，120分钟，63美元 📞 0 63 96 43 91 @ www.frangipanisiemreap.com

烹饪课程

如果您想看看高棉炒锅和盆，您应预订一次烹饪课程，包括上午的市场采购。纸老虎（Le Tigre de Papier）烹饪学校的收入为一所酒店学校带来收益（¥ 3小时14美元 📞 0 63 76 09 30 @ www.angkor-cooking-class-cambodia.com），或受欢迎的河畔花园餐厅"突突车上"的美食（Cooks in Tuktuks，¥ 3小时25美元 📞 0 63 96 34 00 @ www.thervergarden.info）。

柬埔寨法尔马戏团（Phare Cambodian Zirkus）（折页 0）

马德望的魅力现在也表现在暹粒红色的马戏帐篷里：舞台剧、现代舞和年轻人表演的喜剧，这些年轻人

吴哥 / 暹粒

在马德望的培训项目中开始了他们的表演生涯。这些表演艺术家同时<mark>为青少年和年轻（活泼的）游客提供暹粒的工作室展览</mark>。🏠 Comaille Road（吴哥国家博物馆后方）🕐 表演：11月至次年2月周一、周四、周六18:00和每日20:15，3—10月每日20:00 ¥ 成人18~35美元，儿童（5~11岁）10~18美元；工作室展览40美元起（包括展示和晚餐）@ www.cambodiancircus.org

旅游观光

水牛旅行社（Buffalo Tours）（折页 0）

该旅行社经验丰富，组织了从冒险到豪华的各大旅游项目，如"大象驾驶执照"。🏠 344 Sivutha，靠近滨江大酒店 📞 0 63 96 56 70 @ www.buffalotours.com

季风旅行社（Monsoon Tour）（折页0）

以吴哥赏鸟、湄公河及周边国家的旅游为特色，它是柬埔寨最古老的德国旅行社之一。🏠 030 Phnom Steng Thmey, Bezirk Svay Donkom 📞 0 63 96 66 56 @ www.monsoon-tours.com

夜生活

这里有100多个酒吧：游客们聚集在酒吧街（🏠 旧市场北部不到50米处），晚上这里会变成热闹的步行区。请您注意包包，小心扒手。吴哥沃特酒吧（Angkor What）一直是酒吧街的流行先锋，这里的人跳舞（有时在桌子上跳舞）或打台球到天亮（18:00起）。如果您不喜欢啤酒女孩和进行实时体育报道的巨型屏幕，那么来这里就对了。

飞天女神剧院★（折页c3）

对高棉传统文化感兴趣吗？在飞天女神剧院里，您可以在一个传统风格的大型木亭中，一边享用高棉美食，一边欣赏著名的飞天女神

飞天女神舞蹈演员表演柬埔寨神话故事

柬埔寨

舞蹈。🏠 Wat Bo Street，吴哥乡村酒店对面 ⏰ 表演：每日20:00和21:30（5月1日—10月15号仅周二、周四和周六19:30）¥ 25美元，建议提前预订 📞 0 63 96 33 61 @ www.angkorvillage.com/theater.php

您还可以在蝴蝶花园餐厅（Butterfly Garden Restaurant）（@ www.butterfliesofangkor.com）发现更实惠的表演或在豪华酒店如莱佛士（每日19:00起有自助餐和烧烤，表演在19:45开始）观看更昂贵的演出。普雷帕卡剧场（柬埔寨生活艺术）的舞蹈表演和皮影剧场的表演在波寺（🏠 Stroot 22 ⏰ 周一至周六 19:00 ¥ 门票15美元，门票可通过 📞 0 17 99 85 70预订或在波寺夜间售票处购买 @ www.bodianlivingarts.org）举行。

中央咖啡馆（Café Central）（折页b3）

在这座修复的殖民时期房子里拥有满足各种口味的美食（沙拉、汤、蛋糕）。🏠 西北角，老市场对面 ⏰ 每日7:00起，21:00起有现场音乐会 @ www.thecafecentral.com

当地推荐 ▶ 黄小姐（Miss Wong）（折页b3）

在这个有老上海风格的地方，鸡尾酒（价格稍高）在气球灯、书法和青铜龙的氛围中显得口味更佳。店主会热情欢迎每一位顾客，点心方面会提供广式点心等。🏠 巷子里，酒吧街北部平行的小巷 ⏰ 每日18:00—1:00

共和国（The Republic）

位于远离酒吧街的安静区域，集餐厅、咖啡馆、酒吧为一体。宽敞的场地内设有酒吧，咖啡厅，设施齐全的厨房，花园绿地和一个游泳池。尼斯小吃和鸡尾酒是很棒的选择，其现场表演和独特的节日活动也备受称赞。🏠 0123 Group 4, Sala Kamreuk Road Wat Damnak Village ⏰ 周一—周日8:30—24:00 ¥ ¥~¥¥ @ https://www.facebook.com/theRepublicSiemReap

红色钢琴酒吧（The Red Piano）（折页b3）

这是一个可以欣赏人群也被人群欣赏着的地方，安吉丽娜·朱莉和

无尽的欢快舞乐——暹粒酒吧的夜晚从不缺乏娱乐

吴哥 / 暹粒

《古墓丽影》的剧组人员也曾经去过那里。服务态度很好，各国美食和饮料的价格低廉，气氛极佳。在夜晚的喧嚣中，您可以在二楼的☀阳台一边欣赏夜景，一边品尝古墓丽影鸡尾酒（最好提前预订）。🏠 酒吧街 🕐 每日7:00起 📞 0 63 96 47 50 @ www.redpianocambodia.com

住宿

吴哥乡村酒店（Angkor Village Hotel）（折页c3）

这是暹粒的优秀酒店。几间高棉风格的狭窄平房，配有木床，还有装饰风格令人感到亲切的小花园和几间漂亮的特价房。没有电视，但有Wi-Fi、游泳池、商务中心和烹饪课程。38间客房。🏠 波寺街 ¥ ¥¥~¥¥¥ 📞 0 63 96 33 61 @ www.angkorvillagehotel.asia

时髦弗拉什派克青年旅馆（Funky Flashpacker）（折页A2）

这是一家新一代的"精品"青年旅舍。时尚且现代化，有单人宿舍（配备大床）、Wi-Fi、泳池和360度屋顶露台天空酒吧。对于不介意受循环播放音乐干扰的人，泳池是最好的休闲之处。24间客房。🏠 Fanky Lane ¥ 📞 0 96 75 21 04 0 @ www.kyflashpacker.com

金杧果客栈（Golden Mango Inn）（折页0）

一个友好的高棉家庭在郊区一座漂亮的酒店内欢迎着他们的客人。精美的装饰和安静的Wi-Fi客房围绕在一个狭窄的游泳池边上，提供非常美味的早餐，甚至有一个用来迎接客人的水果篮。可免费骑自行车前往市中心，距离为3千米。24间客房。🏠 Nr. 0658, N6, Chongkaosou Village, Slor Kram ¥ ¥~¥¥ 📞 0 63 76 18 57 @ www.goldenmangoinn.com

河流公园贾耶之家（Jaya House River Park）

位于宁静的暹粒河沿岸，距离城镇中心约有6分钟的突突车车程，是一家小型的家庭酒店，共有36间客房，2个游泳池，1个水疗中心和1间餐厅。房间宽敞，设施完善，最重要的是工作人员热情好客，并且提供免费的从城里任何地方回到酒店的突突车服务。🏠 River Road, Siem Reap Cambodia ¥ ¥¥ 📞 0 63 96 2555 @ http://www.jayahouseriverparksiemreap.com/home

莲花旅舍（Lotus Lodge）（折页0）

这片非常受欢迎的度假区由棕榈树之间紧密的连排房间构成，设有卫星电视、迷你露台、大泳池，还有台球厅。一天有两趟穿梭巴士开往市中心（距离约2千米）。您可以在☀老水塔上一边享用 当地 推荐▶ 浪漫的晚餐，一边观赏远处闪光的吴哥窟。36间客房。🏠 Boeng Dounhpa Village, Slar-Kram-Commune ¥ ¥ 📞 0 63 96 61 40 @ www.lotus-lodge.com

棕榈乡村温泉度假村（Palm Village Resort & Spa）（折页0）

当地 推荐▶ 吴哥周边的田园小屋度假村：竹子小屋（配备卫星电视、冰箱）坐落在植被茂盛的庭院中，位于杧果树、棕榈树和缅栀花之间，还设有沐浴池、泳池、花园餐馆、☀观光塔。16间客房。🏠 Phum Trapaing Ses Village，N6路机场方向，吴哥麦哥诺雅酒店后方右支路 ¥ ¥¥ 📞 0 12 63 11 41 @ www.palmvillage.comkh

吴哥莱佛士大酒店 ★ ●（折页c1）

时间旅行在静静晃荡的老式电梯中开始了：在过去的70年里，不少名人曾在这里下榻，比如查理·卓别林和杰奎琳·肯尼迪。该酒店设有华丽的阳台客房和套房，有着原汁原味的殖民时期建筑风格。在新建的、完全按殖民时期风格布置的酒店，☀热带花园里有巨大的36米泳池，还有暹粒最高雅的餐厅。下午茶时分，您可以在暖房咖啡屋里享受下午茶和钢琴曲。此外，这里也有适合情侣的服务项目，如双人按摩、有飞天女神舞蹈表演的寺庙里的私人烛光晚餐或美妙茅屋套房里的烛光晚餐。120间客房和套房，2间别墅。🏠 Vithei Charles de Gaulle ¥ ¥¥¥ 📞 0 63 96 38 88 @ www.siemreap.raffles.com

辛达玛尼度假村（Shinta Mani Resort）（折页b2）

位于城市中心的美妙的舒适旅馆，拥有比尔·本斯利（Bill Bensley）设计的美丽客房、大水池与日光浴草坪、两间水疗中心和两间餐厅。62间客房。🏠 Omn Khun，Street 14街角，Svay Dangkum ¥ ¥¥¥ 📞 0 63 76 19 98 @ www.shintamani.com/resort

河畔花园酒店（The River Garden）（折页O）

在城北吴哥国家博物馆附近茂密的花园里，坐落着时尚的（阳台）客房和平房别墅，一个咸水泳池与酒吧围绕着这片美丽的住宅区。16间客房。🏠 West River Road ¥ ¥¥~¥¥¥ 📞 0 63 96 34 00 @ www.therivergarden.info

维鲁斯酒店（Viroth's Hotel）（折页c3）

在高棉建筑风格的白色迷你酒店内，几乎所有简约设计的家具都是由天然石头做成的（床也是），明亮的客房内设有☀露台或阳台，还有小咸水池和配备水疗与按摩浴缸的舒适屋顶露台。7间客房。🏠 Street 23，River Street和Wat Bo Street之间，Theachamrat Street附近 ¥ ¥¥ 📞 0 63 76 17 20 @ www.viroth-hotel.com

周边景点

当地推荐 荣寺（折页F3）

位于崇可纳斯村（Chong Khneas）约140米高的荣寺很值得一去，尤其是晚上在田园诗般的日落中，太阳会将附近的水面照耀得金光闪闪。耶输跋摩一世在10世纪为祭拜印度三神——湿婆、毗湿奴和梵天——而在此地建立了一座寺庙，里面的3座砂岩塔仍然保存完好。您可以骑自行车进行游览（🕐 大约1小时车程，总计约3小时）。🏠 暹粒西南12千米 🕐 寺庙于18:30关闭 ¥ 使用吴哥古迹门票可免费入场。

皮克拖村（Prek Toal）（折页F3）

您可以乘船前往皮克拖及其"漂浮"村庄的一日游。100多种鸟类栖息于此，不只是鸟类学家对此地感兴趣。鸟类保护区面积达310平方千

吴哥 / 暹粒

米,还栖息着濒危的鹳、白鹭、灰鹈鹕、赤颈鹤、鹦和鱼鹰(最佳观赏时间:清晨或傍晚,从12月至次年1月、3—6月)。更多信息请咨询:波寺森维斯纳鸟类保护组织(Sam Veasna)(@ www.samveasna.org)和 当地 搞囊 ▶ Osmose生态旅游公司(¥ 一日游105美元,在寄宿家庭过夜的两日游110美元 @ www.osmosetonlesap.net)。

洞里萨湖 ★(折页F-G3)

沿着暹粒河骑自行车前往南部,经过河边部分有顶的木桥和水车轮、小村庄和棕榈树下的塔、稻田上高脚屋的饭馆和宽广的荷花池,12千米后即可到达洞里萨湖。这座巨大的湖泊是一个生物保护区,在潮湿的雨季和雨季过后都是波光粼粼的。每年,当巨大的河流无法容纳强季风和喜马拉雅山融化的雪水时,其支流洞里萨河会改变流向(7—10月底)并回流到洞里萨湖。该湖的水量通常会上升至原来的5倍(从2 500立方米至12 000立方米)。据称该自然奇观使得洞里萨湖成为世界上鱼量最丰富的内陆湖。柬埔寨人用投网、竹笼和捕鱼室在这里捕获的鱼量是北部湖泊捕捞量的10倍。

当湖水在旱季又退回去时,柬埔寨人也回到"漂浮"村庄的船屋里。有一句谚语这样说道:"Mean toek, mean trey(水在哪儿,渔民就在哪儿)。"其他居民则居住在高架房住宅区,如崇可纳斯(8 000居民)和磅普克(Kampong Phluk,3 000居民),旺季时两个地方游客都非常多。这里的房子是按照老方法盖的,把竹地板直接用绳索固定在高处。拥有较少游客的村庄是较为贫穷的磅清扬(Kampong Khleang,暹粒东南约50千米),它有高达10米的高脚楼,旱季时可以很清楚地看见它,然而这里闻起来味道不那么好。

通过有组织的 ● 游船或划艇游览(◐ 最好在雨季8—12月,务必通过信誉良好的旅行社预订! @ www.journeyswithin)您可以参观"漂浮"村庄和水中森林的两栖世界,或搭乘塔拉船(Tara Boat)在日落中来一场巡航晚宴(¥ 一日游每人约35美元 @ www.taraboat.com)

洞里萨湖上的高脚屋

湄公河沿岸

人们对湄公河的印象是童话般超现实主义的：在雨季，树林淹没在河里，宛如水下迷宫——鱼绕着树冠游来游去。与此同时，尘土飞扬的小路通往东边的腊塔纳基里省和蒙多基里省，这些省份被隔离了数十年。

河畔小城桔井和上丁通过其小镇特色深深地吸引着游客。它们的魅力在于您可以舒适地坐着小船漂流，和渔民、僧侣打成一片。人们对于乡村生活的第一印象是寺院或是民宿。临近桔井，仅存的几条伊河海豚在水中游弋。

腊塔纳基里省和蒙多基里省凭借其众多的自然珍宝，以及一些距离21世纪当代柬埔寨城市生活十分遥远的偏远村庄的少数民族部落令游客称奇。可是，他们的古老传统和财产正渐渐消失，面临同样状况的还有仅存的野象的生存空间，这两个省在投机者的操控下丧失了不少物种。为了利益，他们种植橡胶树和腰果，并开设高尔夫球场。在腊塔纳基里省，到处都是长臂猿，而蒙多基里省壮丽的风光、野象的日常和全国最大的瀑布同样吸引着人们。

上图：湄公河上的渔民

巨大的河流和红色的沙滩——除了旅游区,您还可以看到自然风光和古老的传统。

班隆

(折页 K2)在腊塔纳基里省东北部,居住着少数民族高棉卢乌族80%的人口。他们生活在粮食和蔬菜产量都很贫瘠的地区,部分地方还有古老的万物有灵的信仰。

尘土飞扬的省会班隆(30 000居民)吸引了热爱冒险的徒步旅游者来到维罗杰国家公园(Virachey National Park)的丛林或雄伟的雅克罗姆火山口湖(Vulkansee Yaklom)的浴场和壮观的瀑布旅游。来过此地的游客都知道,腊塔纳基里省要么非常干燥,赤褐色的粉尘扑面而来;要么非常潮湿,走在路上会不停地陷入泥泞(在4—5月的雨季,一直到10月都不建

柬埔寨

腊塔纳基里省的克伦部落（Kreung）在高脚楼的村落生活

议徒步前往）。您可以继续前往距此80千米的越南旅游，但请提前准备好签证。

美食

博艾坎山酒店（Boeung Kamsan Restaurant）

在坎山湖（Kamsan-See）边有一家带露天阳台的饭店：提供三人份的柬埔寨、泰国和其他亚洲菜式。🏠 通往云晒（Voen Sai）的路上 ¥~¥¥

壁虎之家（Gecko House）

这家乡村小酒馆设有天台，里面摆放着藤椅。提供极具特色的豆腐汉堡和意大利面，配着喜力啤酒和优美的音乐。🏠 平行街，N78路南面，主干道 ¥

高棉湾（Pteas Bay Khmer）

这家带走廊的朴素乡村饭店位于坎桑湖西南岸，在这里，人们可以品尝美味早餐，饭店供应西餐和典型的柬埔寨菜。🏠 Village 6, Sangsat Labanseak, 近湖滨酒店 ¥ ☎ 0 97 16 72 21

户外活动

皮划艇

坐上皮划艇，沿着水流划船。船一直行驶到坦坡人的墓地。您不妨在沙滩边停下来野炊，补充一下体力。[可通过陆地洛格斯洛奇酒店（Terres Rouges Lodge）预订]

夜生活

风向咖啡（Café Alee）

在日落之时，人们在瑞克（Rik）和戴夫（Dave）那儿喝冰啤酒、红酒，吃比萨、汉堡和柬埔寨美食。素食主义者也能在这里得到满足。🏠 N78A，临近Dutch-Co-Trekking ¥ ☎ 0 89 47 37 67

湄公河沿岸

住宿

湖滨酒店（Lakeside Hotel）🌿

这里有最美的海边全景：这幢3层的酒店带有靠海的阳台，共有6个标准间（有卫星电视）。40间客房。🏠 坎桑湖的西南岸 ¥ ☎ 0 12 72 22 96

陆地洛格斯洛奇酒店（Terres Rouges Lodge）

雅致的木制别墅，带有古罗马装饰风格的房间（部分可观海景，配备平板电视）。3幢精品别墅还带有露天浴室（¥¥¥）。这家带有泳池和花园水疗的优质国际酒店（¥¥）房间限时供应！23间客房。🏠 坎桑湖东岸 ¥¥ ☎ 0 12 77 06 50 @ www.ratanakiri-lodge.com

树冠生态山林小屋（Tree Top Eco Lodge）

高脚木屋建在班隆的边界、宏伟的山丘中央。原始的浴场、吊床和阳台上摆放着的躺椅，一切都十分简约，但细节的设计和安排中处处体现着满满的心意，木屋还带有具有当地风格的美丽走廊。17间客房。🏠 Village 1，Labanseak ¥ ☎ 0 21 49 03 33 @ www.treetop-ecolodge.com

雅克罗姆山旅舍（YakLom Hill Lodge）

这里有树林里简易、光照有些不足的环保木屋，在雨季非常潮湿，却不像想象中僻静。这里提供☀太阳能发电（🕐 18:00—21:00），并有多座旅游信息站和泰式花园饭店（¥），🌿观光山丘上还有一条步行道。15间客房。🏠 班隆以东5千米，近雅克罗姆湖 ¥ ☎ 011 79 05 10 和 092 31 81 81 @ yaklom.blogspot.de

周边景点

高棉卢乌村（Khmer-Loeu-Dörfer）（折页K-L2）

腊塔纳基里省有许多不同的高地部落，如坦坡部落（Tampuan）、克伦部落（Kreung）、嘉莱部落（Jarai）和波鲁部落（Brou）。他们身处现代却保留了一些旧时的日常

必游景点

★ **维罗杰国家公园**
纯粹的自然景观：瀑布、火山湖和腊塔纳基里省的原始部落。→ P.87

★ **雅克罗姆湖（Yaklom-See）**
在班隆的火山湖享受沐浴乐趣。→ P.87

★ **桑波寺**
位于桔井的金色"百柱庙"。→ P.90

★ **伯斯拉瀑布（Bou Sra Waterfall）**
在蒙多基里省全国最高的阶梯式人工瀑布下建有天然浴场。→ P.91

★ **上丁**
湄公河畔沉睡的城镇。→ P.93

★ **湄公河游船**
从上丁乘船到达老挝。→ P.95

柬埔寨

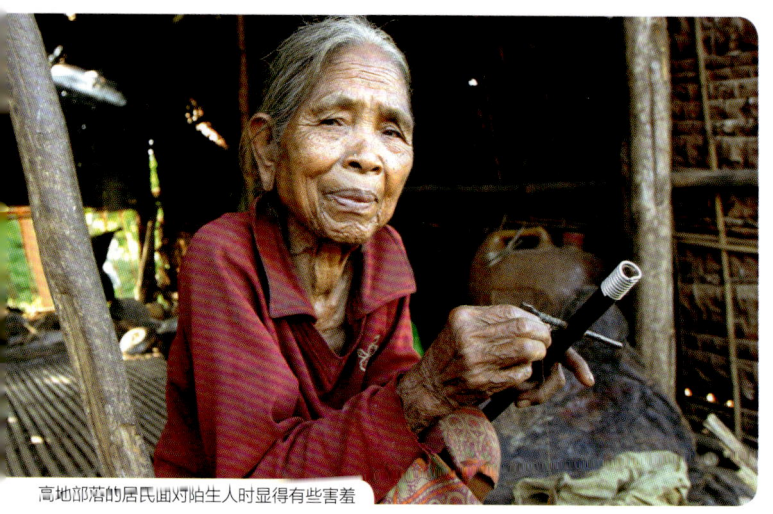

高地部落的居民面对陌生人时显得有些害羞

和传统,例如焚林开垦和用毒箭狩猎。在班隆附近,如今已有时尚意识的高棉卢乌妇女会选择纱笼或至少穿胸衣的上装搭配,只有少部分年长的波鲁妇女,只能通过她们脸上的文身和沉重的耳环辨认出她们的身份。对水神、火神和木神的信仰就如同水牛祭品和崇拜祖先一样依然非常流行。举例来说,人们睡觉头朝东或将装有珍宝的米酒壶放在房子的东边角,是因为"鬼魂"住在东面。传统的竹屋渐渐被高棉典型的高脚楼或石屋所取代。在克伦村(Kreung-Dörfern),最引人注目的是脆弱的、5米高立柱的"男孩屋"(仅4—11月开放)以及更小的"女孩屋",处在青春期的男孩和女孩在此相遇。克伦人面对陌生人十分害羞,任何情况下请不要对孩子拍照,他们觉得照片会带走一个人的灵魂!**值得推荐的村庄一日游**——克伦文化,如克纳拉、克瑞斯和La Ak(波鸿区);坦坡族(Katae)、拉恩卡伦和住在高脚楼的卡塔族[距安东梅斯(Andong Meas)东北方向60千米]和波克地区的嘉莱族(Jarai)。荷兰—柬埔寨代理处DutchCo组织徒步旅行(N78路以南平行街道,主干道 3天徒步120美元起 09 76 79 27 14 @ www.trekkingcambodia.com),同时还提供独木舟之旅。

坦坡族墓地(Tampuan Grave)

嘉莱族、坦坡族以葬礼仪式闻名,但游客在为其开放的坦坡族墓地并不能看到原汁原味的仪式,在此仪式上不会有屠宰水牛的环节。坟墓被安放在杂草之中,在五颜六色的木制雕像(大部分是展示死者的职业)、木制的象牙、稻谷篮、捕鱼笼及由一只或几只水牛头和几张水牛皮制成的鼓之间。

著名的景点墓地位于班隆以西约40千米,克钦村(Kachon Dorf)对面。(可在酒店预订洞里萨湖乘船半日游 门票约1.5美元)

湄公河沿岸

维罗杰国家公园 ★（折页 K-L 1-2）

早晨长臂猿在奔跑，夜晚蟋蟀发出"吱吱"的叫声，而此时在星空下，游客在吊床上摇晃。

用皮划艇或者竹排穿过丛林、跨过河流，颇有种"现代启示录"的氛围。靠近曾经的胡志明小道和偏远的高棉卢乌村，穿越维罗杰国家公园（距班隆以西约50千米）的徒步旅游预示着您会收获丰厚的冒险经验。然而，该项目的价格却越来越高，甚至高过消费水平超过柬埔寨的泰国。

维罗杰是柬埔寨最大的国家公园（3 325平方千米），划分为密林和草原两个区域，公园内最高的山峰是亚科约克山（Phnom Yak Youk）（海拔1 500米）。在为期一周的偏远地区徒步旅行中，您很有可能在偏远的维托姆荒野（Phnom Veal Thom Wilderness）中看到野生水鹿、赤鹿、长臂猿和犀鸟，而老虎、大象或野牛却很少能看到。最佳徒步时间为12月至次年5月，请携带防疟疾装备（防蚊水、长袖的浅色衣服、急救药），并且在任何时候都不要随意触碰金属物体，因为它很可能是炸弹残骸！两个人的7日游约花费350美元，可在国家公园办公室购票（🏠 班隆、坎桑湖东南处N78路邮局北面，向左转弯 🕐 周一至周五 8:00—12:00，14:00—17:00）。通过里克和伊冯的DutchCo徒步旅行社也可以买到物有所值的票（🏠 N78南面的平行街道，主干道 ¥ 徒步3日游120美元起 📞 6 79 27 14 @ www.trekkingcambodia.com）。关于徒步旅游和价格的更多信息可以查看网址：viracheyecotourism.blogspot.de，short.travel/kam8，viracheyecotourism.blogspot.de和www.trekkingcambodia.com。关于过度砍伐和橡胶树种植园的威胁，可以在www.facebook.com/SaveVieracheyNationalPark找到相关信息。

瀑布/骑大象 ●（折页 K2）

10米高的卡天瀑布（Katieng-Waterfall），并不是最震撼人心的，但可以在那儿骑大象。（🏠 班隆以西约6千米，从卡腾村开始 🕐 7:00—17:00 ¥ 骑行1小时约10美元）。最壮丽的是20米高的卡昌瀑布（Kachang，🏠 卡天瀑布后方约500米），这里是高棉人周末在大型天然泳池享受淋浴和沐浴的首选地。20米高的查恩瀑布（Cha Ong Waterfall）从浪漫的阶梯瀑布上冲撞而下——人们可以在这片水幕下野炊、喝米酒或是沿着倾斜的阶梯爬向泳池（🏠 位于班隆以西约7千米）。在返程的路上，您会登上一座🌿小山丘艾希帕塔玛柯（Eisey Patamak）。山上的郑王庙（Wat Aran）和卧佛尤其值得一看，日落时分可以在这里欣赏到班隆壮丽的景色。（🏠 位于班隆以西1千米的N78）

雅克罗姆湖（Yaklom Lake）★（折页 K2）

雅克罗姆湖是一片湛蓝的由火山喷发形成的圆形湖泊，位于充满田园风情的茂密丛林里。人们可以在3个平台沐浴（在这里沐浴和野餐的高棉女子穿纱笼或者T恤和短裤，请注意着装）。向右是一条小路，通往亚麻文化和环境中心（Cultural and Environmental Center），这里展示了坦坡族和嘉莱族的日常用品，还设有

柬埔寨

纪念品展台。（🏠 班隆以东约5千米处 🕐 7:00—17:30 ¥ 门票约3美元，提供儿童泳衣，设有小吃摊）

桔井

（折页 J4）湄公河畔小镇桔井（人口约80 000）的日常生活——人们在码头、市场和殖民时期的建筑间辛勤劳作。

在岸边的林荫道上，您可以漫步在参天大树下，欣赏日落，或许您还可以在一家小饭馆品尝一下柬埔寨的米粉汤。除了大量的动物雕塑，桔井并不是一个有很多景点的地方，大多数游客来此是为了这片区域 ● 少见的伊河海豚。

值得一看

罗塔坎达寺（Wat Roka Kandal）

罗塔坎达寺的美丽宝塔是桔井现存的带木顶和瓦顶、内部有湿壁画的寺庙之一。在寺庙装饰精美的柱子之间有出售手工艺品的小摊，主要销售篮子、陶器以及丝绸。（🏠 河中心以南约2千米处 🕐 8:00—17:00，塔可能会关闭 📞 0 11 55 40 56）

美食

古斯塔维亚简易别墅度假屋（le Bungalow）

目前桔井最好的饭馆，供应法餐、比萨、高棉菜和上好的酒。别墅里有一些在设计方面别具一格的房间用于出租。（🏠 河滨路 ¥ ¥¥ 📞 0 89 75 80 90）

红色落日（Red Sun Falling）

精致的当地小饭馆，在这儿人们伴随着动听的音乐用合理的价格品尝到柬式和泰式美食。（🏠 河滨路中央 ¥ ¥ 📞 0 11 28 58 00）

托凯饭店（Tokae）☀

这里有湄公河畔正宗的西班牙冷汤。在集市附近有西班牙厨师烹制蔬菜和西班牙菜，比如咖喱。人们可以一边品尝美味的早餐，一边欣赏集市的美景。🏠 Street 10（集市上）¥ ¥ 📞 09 72 97 21 18

户外活动

荣岛骑行

长达 9 千米的变化多端的 <mark>当地推荐 ▶ 荣岛骑行</mark>：环路沿着一个"漂浮的"村庄延伸开来，这个村里有越南渔民、印度塔和寺庙，还有一座中国墓园。渡轮通常由夜市或桔井码头的船只租赁开始。¥ 约1.5美元，荣岛借宿信息：📞（桔井的CRDT办公室）0 99 83 43 53 @ www.crdt.org.kh

住宿

阿伦湄公宾馆（Arun Mekong）

这座由简单的木材和石头搭建而成的别墅坐落在荣岛的乡村田园中。一些公共浴场22:00左右就会停止供电。当地的夫妇们会用美味的家常便饭和新鲜的湄公河鱼招待客人。Wi-Fi、空调之类的"奢侈享受"在这里就只能抛诸脑后了。5间客房。¥ ¥ 📞 0 17 66 30 14 @ arunmekong.wordpress.com

湄公河沿岸

伞塔希布酒店（Santepheap Hotel）

一家带有标准间的柬埔寨优质大酒店，部分客房可欣赏湖景。40间客房。🏠 河滨路 ¥ ¥~¥¥ ☏ 0 72 97 15 37

周边景点

伊河海豚（Irrawaddy Dolphins）●（折页J3）

最后的大约85只伊河海豚（又名"伊洛瓦底江豚"）在旱季会聚集在湄公河较深的水域里。在乘船旅行中最著名的观景处为甘比村（Kampi）——然而即使有机会看到伊河海豚，也只能看到它们的头。请您告知船夫，一旦到达指定水域就立马停船，否则短时间内您根本没有机会看到它们。（尤其在节假日，游客数量超出想象，人群纷纷涌入湄公河畔以北1千米处的甘比村高脚楼。）

如果不想让伊河海豚被船只打扰，您也可以在甘比村观测台上透过望远镜观赏这些稀有动物。最佳观赏时间是12月至次年5月的清晨或傍晚时分。伊河海豚如今还在继续受着炸药、电击枪、拖网、农药和大坝建设的威胁。🏠 桔井市以北15千米 ¥ 双人船1小时：9美元 @ www.worldwildlife.org

当地搜查 其他伊河海豚观赏地——皮达乌岛（Koh Phdau，距桔井以北约50千米），达美彭（Damrei Phong）及格罗奇马岛（Koh Krouch）（距上丁省以南20千米），安龙出塔（Anlong Cheuteal，乘船）和老挝边境的安龙柴（Anlong Svay）

桑播客寺 ●（折页J3）

桑播客寺连同两座小宝塔矗立在同名的山丘上，山丘有160个阶梯。在山脊上的一个开阔的亭子里，人们可以在佛陀的旁边看到地狱恐怖场景的图像。在亭子右侧更高处有一座宝塔（继续走200级台阶），在这里可以看到桔井的周边环境和湄公河

在桔井，要想看到伊河海豚只能凭运气

柬埔寨

畔的稻田,美景一览无余。🏠 距桔井以北约9千米

桑波寺★● (折页J3)

柬埔寨最大且最现代化的寺庙之一桑波寺(也称Sorsor Moi Roi)有400余年历史,它曾被破坏,在1997年重建。它也被称为"百柱庙",如今庙内共有116根柱子。金色的皇家佛塔(据说建于1529年)被保存了下来,相传这里存放着某位公主的骨灰。🏠 桔井以北35千米,在寺庙所在地有一个湄公龟保护中心(8:30—16:30 ¥门票4美元,儿童2美元 @ www.mekongturtle.com)。小门上写着:这里有濒危的康拓河龟(康拓的巨型软壳龟,即亚洲鼋),它们在自然栖息地生活了10个月后,在3月或4月来到湄公河。

柬埔寨最大的寺庙之一——桑波寺

捐赠 捐献 佛教寺院 桑播客寺和桑波寺反对捐赠,不过这些禁令是针对真正对佛教感兴趣的人和佛教徒的。(桑播客寺信息:维萨帕纳佛教冥想中心 @ phnomsambok.blogspot.com/2010/11/wat-phnom-samboks-views-kratie-province.htm 桑波寺信息:📞 0 11 76 88 47或酒店电话:0 11 71 63 11)。此外,在修道院以北10千米的湄公岛皮达乌岛的民宿(🏠柬埔寨农村发展小组:桔井CRDT办公室,3号街Daun Chreom村 ¥6美元,简易住宅,且没有太多的私人空间 📞 07 76 66 67 71和0 99 83 43 53,仅在周一至周五7:30—12:00,14:00—17:00可拨打 @ www.crdt.org.kh)可以参与伊河海豚观赏和牛车旅行的体验活动。

森莫诺隆

(折页K4)(Sen Monorom)蒙多基里省是全国最迷人,但也是柬埔寨最偏远和贫穷的地区。

只有少数游客会被这个交通不便的巨大省份所吸引,沿着龙脑香树走过茂密的原始森林,来到松树林和草原景观的面前。遗憾的是,松树林的面积正快速减少。2008年,森莫诺隆

湄公河沿岸

（约20 000居民）才第一次通上电，这个沉睡已久的省会没有什么名胜古迹。高地村庄的居民主要是扶农族（Phnong）。

美食

帕卡咖啡馆（Café Phka）

这间由友善的高棉家庭经营的花园咖啡馆沿溪建立，因其美味的蛋糕和上好的咖啡而备受欢迎，咖啡馆同时供应各种汤和小吃，Wi-Fi自然也不会少。🏠 森莫诺隆路，沿路标Chumka Tae ⏰ 周一至周六 8:00—17:00，周日：12:00—17:00 ￥¥ @ www.facebook.com/cafephka

高棉厨房（Khmer Kitchen）

坐在院子的植物间，这里有各式各样的国际菜品：香蕉叶烤鱼、墨西哥卷、意大利面、美式薄饼应有尽有。特色菜式是柬埔寨烧烤。🏠 主干道，临近索万恩基里宾馆（Sovann Kiri Guesthouse）￥¥

住宿

玛亚拉山度假村（Mayura Hill）

当地最舒适和昂贵的住处，坐落在一片绿色之中，甚至在周边还拥有一个很大的游泳池，7套别墅均配有舒适的内饰和床铺。迷你酒吧、酒店送餐、健身房等服务一应俱全。7间客房。🏠 森莫诺隆郊外 ￥¥¥¥ ☎ 0 77 98 09 80 @ www.mayurahillresort.com

自然小屋（Nature Lodge）

这是一间环境宜人的生态客栈，到处是小猫、松鼠和小马：非常简单的小木屋带有露天浴室（有热水），透过玻璃拉门可以欣赏到走廊美妙的全景。28间客房。🏠 森莫诺隆主干道东北约2千米处，到达医院时右转弯 ￥¥ ☎ 2 23 02 72 @ www.naturelodgecambodia.com

周边景点

伯斯拉瀑布（折页L3）★

柬埔寨最大的瀑布从两级壮观的阶梯（高20~30米）倾泻而下，在雨林中央是浪漫而古老的天然湖。穿过溪边的停车场到达阶梯瀑布另一边的倾斜台阶上，这里有小吃摊和滑索项

省钱有道

在班隆锁湖滨饭店（Lakeside Chheng Lok）有许多边角房间（￥8~15美元），还有以湖景为卖点的5间花园别墅（￥17美元），而沿街（安静的）的电扇间价格十分实惠（不到5美元！）。41间客房。🏠 坎桑湖 ☎ 0 12 95 74 22。

一幢小而简朴的，由一根根木头搭建而成的🌱树屋（Tree Lodge，带有蚊帐的气垫床，部分可洗冷水澡）建于茂密的树林间。这里为素食主义者和徒步旅行者提供自家种植的有机蔬菜。住宿费为5~10美元，提供车站接送服务。6间客房。🏠 森莫诺隆，坎桑湖南岸 ☎ 09 77 23 41 77 @ www.treelodgecambodia.com

柬埔寨

目。（¥70美元）🏠森莫诺隆东面37千米处 ¥门票1.5美元

象谷保护区（Elephant Valley Project）🌿（折页K4）

象谷保护区里，年老和受伤的大象都能找到收容所。即使只为站在布满茂密丛林的山谷眺望一眼美景，这趟去往扶农村劳累且颠簸的旅程也是值得的。在此期间，游客在象谷保护区目前只能观察9只大象在它们的栖息地上的活动和洗澡，不再提供骑大象项目。对于儿童游客只提供一些限制性的趣味活动。您还可以参与大象志愿者计划。4间原始的传统仿扶农族的小屋可供住宿，小屋带有棕榈茅草屋顶和红陶地板，装饰有老式衣柜和大象的照片，提供热水淋浴——这是蒙多基里最漂亮的住所！除此以外，这里还有一些便宜的背包客旅馆，但仅与大象志愿者计划共同提供住宿服务，如 ¥2天共55~85美元，包含从森莫诺隆来此的交通费和伙食费。🕐 仅周一至周五 📞 0 99 69 60 41 @ www.elephantvalleyproject.org。一天的大象参观或观象导游路线不含住宿费用：55~85美元，15岁以下儿童半价。需及时给evpboo kings@gmail.com发邮件预订 🏠彭坦村（Pon Trom，也叫Poutrou）。森莫诺隆以西约10千米。

普唐扶农族村（phnong Dorf Putang）（折页K4）

住扶农族（也称布农族）的一些村庄，有几代传承的大象养殖者也在用大象骑行来赚钱，如普唐扶农村就是这样的。不过，您也不要对此抱有太高期望：这里只有少数传统房子保留了当地特色——用棕榈茅草盖屋

普唐扶农村：村民住在传统样式的房子里

湄公河沿岸

顶。人们窃窃私语，当地的女人们在游客到来时，会快速带上沉重的耳环。当您随着一名和当地老人说着同样扶农语的有经验的导游进入到村子时，您也会了解到一些关于古老传统风俗的有趣细节，如削尖牙齿、万物有灵论、音乐和医疗。🏠 距森莫诺隆西南方向约12千米，最好找一名当地向导 🕐 8:00—15:00 ¥ 5小时大象骑行约17美元。

西伯克荒野（Srepok Wilderness）（折页 K-L3）

西伯克荒野是东南亚现存的最大的无人区，吸引了很多冒险家和鸟类学家来此做几日游，可以步行、划皮艇、骑山地自行车或者到森莫诺隆北部骑大象，还可以观赏阶梯瀑布、洞穴和珍稀野生动物。这里的生态旅游尽管还在起步期，更确切地说，还在"试点阶段"，但是一间由世界自然基金会（WWF）建造的徒步小屋已在规划中。

在临近森莫诺隆的西伯克河发现之旅（Srepok River Discovery Trail）（1.5千米），您可以用《世界自然基金会手册》作为指导，去探险和发现鹰或是醒目的印度金丝雀、白蚁、豪猪和猴子。在河畔，可以看到翠鸟、海龟、水獭，甚至还能看到泰国的鳄鱼在嬉戏。由于许多动物，如水鹿和麋鹿只能在晚间看到，因此您只能顺着野生动物的踪迹去寻找它们，或通过动物的叫声来辨别。

在波雷山野生生物保护区（Phnom Prich Wildlife Sanctuary，面积2 250平方千米）和受保护的蒙多基里森林（4 000平方千米）之间是由世界自然基金会建立的 👽 DEI EY 社区民宿项目（Dei Ey Community Homestay-Projekt，距森莫诺隆以北46千米的N76街上）。探险爱好者能参与到当地村民的日常生活中，如看他们纺织，在河里沐浴（只能单独沐浴，女子请穿纱笼！），在扶农村的夜晚饮米酒，在简易的住所或欧池坝河（O'Chbar River）的"世界自然基金会营地"过夜，您可以住在小屋里面对着浩瀚的天空冥想。在长达3天的旅行中，您可能会遇到印度野牛、爪哇野牛、柬埔寨大型野象或濒临灭种的南部红颊长臂猿。少数旅客害怕豹子，因而他们更愿意看夜景（2007年，一只母豹带着孩子出现在西伯克荒野的"监视器"里；早前有一只老虎也被监视雷达拍下来过）。信息来源：世界自然基金会办事处，森莫诺隆主干道 📞 07 36 90 00 96 /0 12 46 63 43 @ wwf.panda.org（在大湄公河区域浏览）或萨囊先生的温室餐厅酒吧（📞 0 17 90 56 59 @ www.greenhouse-tour.blogspot.com，摩托车旅行者同样适用），或者找导游 Vanny（同样提供超值的大象游览，和在象谷保护区一样不提供大象骑行）📞 0 11 35 18 41 @ www.mondulkiriethnicproject.org

上丁

（折页 J2）湄公河和公河交汇处的小宝石：上丁省的省会 上丁市（40 000居民），临近老挝边界。匆忙的游客在他们去邻国的旅途中在此休息。

在这个迷人的地方，您可以领略到柬埔寨最具有田园风的一面——

柬埔寨

骑车沿着河滨路,有年代感的木屋就掩藏在棕榈树和竹林里,在农民的民宿,或是在湄公河的渔夫村坐一次皮划艇或乘船旅行,穿过红树林。谁也不知道这片田园风光还能保存多久,因为自2008年起,公河上就架起了一座桥,安静的上丁省由此在老挝、越南和泰国间架起了一座十字旋转门。

值得一看

卡塔亚兰寺(Wat Khat Takyaram)

号称柬埔寨最美的三大寺庙之一的卡塔亚兰寺(也叫堪达尔寺)有华丽的墓佛塔和一个小小的画满壁画的两层生塔:前面是佛祖生活的场景,后面部分是地狱实施酷刑的场景。
🏠 金河大酒店以东

美食

公河畔的夜市,如"公共厨房"提供当地价格低得惊人的食物当作🔵路边小吃:一些周边小村专门研究一种东南亚典型小吃,做法是由糯米混合椰汁和大豆一起放入竹筒里。或许您可以尝试一下放在烤架上的香蕉叶和糯米一起"包裹"的甜香蕉,或者冒险试试小小的内姆(一种用香蕉叶包裹生的、用香料调制的鱼),还是您更喜欢烤得脆脆的蜘蛛?

坡尼卡(Ponika)

如果您想在上丁市吃点好的,就不要错过坡尼卡的柬式餐厅:所有经典的菜式如阿莫克鱼或柬埔寨牛肉滋味都不错,连汉堡和其他西式菜式也都在菜单上。服务敏捷又专业。🏠 市场旁 ¥¥

河边小饭馆(Riverside)

这里是游客的聚会点,无论是背包客还是文化旅行者,在这间小饭馆您可以吃到当地和西方的菜式,这里还提供早餐和自行车租赁服务。
🏠 近河滨路,加油站和公交站后面 ¥¥ 📞 0 11 60 03 81 / 012 49 03 33

夜生活

在通然水庙做一次 *当城佛禽* ➡ 日落时分绕行怎么样呢?这里是湄公河和公河的汇合点——在这种田园贝根氛围卜,当僧侣轻声吟诵起巴利经文时,火红的太阳同时在湄公河落下。
🏠 中心区以西约3千米

住宿

金河大酒店(Golden River Hotel)

当地最好的酒店,酒店共3层,有舒适的房间(浴缸、电视、冰箱),还能看到河景。可惜的是这里没有餐厅,您可以去西面约200米的滨江宾馆吃早餐。36间客房。🏠 河滨路 ¥¥ 📞 0 12 98 06 78 @ www.goldenriverhotel.com

孔雀旅馆(Le TonLé)

这所小旅馆是年轻的酒店专业学生的培训中心。老木屋里的房间打扫得非常整洁,尽管简陋,但是还配有很棒的公共浴室和好吃的餐厅。在桔井还建有分店。4间客房。🏠 an der 河滨路(Prek Village,码头以西500米处)¥¥ 📞 0 92 67 49 90(上丁市),0 72 21 05 05(桔井)@ www.letonle.org

湄公河沿岸

周边景点

湄公蓝(Mekong Blue)（折页 J2）

在这个培训项目中，游客可以观摩到约60个女子在编织丝绸。观摩结束后，您可以购买她们的丝织产品。走廊和饭店提供柬式餐食（吃饭最好提前预订）Sre Po Village，距西公桥以东约2千米 周一至周六7:30—11:30，14:00—17:00，当地时间：7:30—17:00 0 12 62 20 96 @ www.mekongblue.com

拉姆萨尔湿地/湄公河游船★（折页 J2）

雨季过后，从10月开始，湄公河上就有令人振奋的小船之旅，穿过雨水漫过的森林，经过有着白鹭、五颜六色的翠鸟和无数拳头大的蝴蝶的拉姆萨尔湿地。老挝边境值得一游，这里过去是渔民的定居点，一直延伸到孔恩瀑布(Khone Phapheng Waterfall)，这是亚洲最宽的瀑布（14千米）。这里的博孔山(Phnom Bong Khouy)有壮丽的风光，边境附近有游船可以去安龙出塔看伊河海豚，（@ www.crdt.org.kh）这附近可能有民宿。穿过边境的人行道便是克洛教堂(Dom Kalor)，位于上丁市北部55千米。您可以在上丁省看到一艘艘渔船，这是给一日游的旅客租赁的，价格由租方决定（¥ 慢船约67美元）。穿越边境请提前准备好老挝签证！0 74 97 38 58 @ www.cepa-cambodia.org, www.ccben.org

老挝边境的湄公河段上，游船载着游客

独特体验之旅

① 柬埔寨最美之旅

起点：① 金边
终点：㉒ 西哈努克市

21天
乘车时间
40小时

路程：
🚗 2 400千米

费　用： ¥ 约2 800美元（租车、住宿、餐饮及门票）
携带物品： 洗漱用品、旅游鞋、雨衣、防晒霜、驱蚊水、望远镜

注　意： 在贡开，您只能在画路标的路段上行走——地雷危险！此外，这里疟疾风险较大，要采用多种防蚊措施，穿能够盖住身体的衣服！

地球的每个角落都有其美丽之处。如果你想发现每个地区的独特魅力,如果你想找到值得驻足观赏的景物、震撼人心的去处、美味的餐厅……这份定制的深度游攻略再合适不过了。

若不想纯粹欣赏神奇的寺庙聚集地吴哥,而是想要深入柬埔寨人民的日常生活,您可以前往首都做一次令人兴奋的旅行,从人烟稀少的农业区到湄公的渔村,从丛林高地到海滩、小岛。

从 ❶ 金边→P.40出发向南到达A6,在斯昆(Skun)后方的N7湄公河方向转弯,参观 ❷ 布罗山(Phnom Proh)的大尊佛像和越过磅湛的湄公河

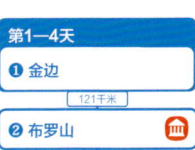

第1—4天
❶ 金边
121千米
❷ 布罗山

上图:前往吴哥窟路上的突突车

柬埔寨

③ 森莫诺隆

④ 伯斯拉瀑布

⑤ 普唐

⑥ 西伯克河发现之旅

之前的仿吴哥建筑群。然后，继续向东穿过N7到达高速公路段上位于高地的N76。在省会 ③ 森莫诺隆→P.90 住3天，周边有很多值得一看的地方。

在森莫诺隆以东的雨林中有 ④ 伯斯拉瀑布→P.91，这是柬埔寨最大的阶梯瀑布。为了看到美丽的风景，您不妨穿过停车场旁的小溪沿着倾斜的阶梯来到瀑布的另一边。如果您喜欢这里的环境，还可以在滑索上享受美景并在小吃摊边简单地吃点东西。在扶农高地以西的 ⑤ 普唐→P.92，您最好在第2天找一位可以帮您翻译的向导。您将了解居民传统习俗的细节，并在骑大象的过程中感受周边环境。第2天早晨，在位于森莫诺隆主干道的世界自然基金会办事处买一本 ⑥ 西伯克河发现之旅→P.93

独特体验之旅

的小册子,徒步旅行(1.5千米)时要注意鹰、猴子和豪猪。

回到森莫诺隆,再次踏上N76,往西直到临近斯诺,沿着N7向北一直到湄公河小镇❼桔井→P.88。下午在去甘比村看最后几只伊河海豚前,去岸边吃一碗米汤粉吧。附近的❽桑波寺→P.90也值得一游。湄公河的不远处N7通向美丽而又沉睡的❾上丁市→P.93。您不妨在夜市闲逛,尝尝当地的小吃,然后去金河大酒店住宿。第2天早晨在上丁省码头租一条船,来一场❿湄公河乘船游览→P.95吧,一路沿着渔夫定居点到孔恩瀑布。

接下来一天经过N78向东行驶到达腊塔纳基里省。冒险家自费来到省会⓫班隆→P.83,在⓬维罗杰国家公园→P.87徒步,您可以遇到野生动物;在壮丽的⓭卡昌瀑布下尽情沐浴;在⓮高棉卢乌村→P.85观看部落仪式,您最好在<mark>当地精英</mark>DutchCo<mark>徒步旅行</mark>(@ www.trekkingcambodia.com)上预订您的行程,价格会实惠一些。

	224千米
❼ 桔井	
	36千米
❽ 桑波寺	
	129千米
❾ 上丁市	
第5—6天	
❿ 湄公河乘船游览	
第7—12天	
	141千米
⓫ 班隆	
	39千米
⓬ 维罗杰国家公园	
	45千米
⓭ 卡昌瀑布	
	12千米
⓮ 高棉卢乌村	

柬埔寨最大的阶梯瀑布——伯斯拉瀑布适合作为天然浴场

柬埔寨

第13—16天

346千米

⑮ 贡开

109千米

⑯ 暹粒

9千米

⑰ 吴哥

第17天

180千米

⑱ 马德望

回到上丁省，穿过新建的2千米长的湄公桥到达全新的N64。在柏威夏寺后方不远处就是长到无法走完的吴哥寺遗址概览⑮贡开（¥10美元），如今至少有部分地区已经完成扫雷。贡开首先给人的印象是它超过1 000年的古老的普拉萨寺（Prasat Thom）——它不是典型的吴哥建筑，拥有40米高的宏伟的金字塔，您可以通过木楼梯爬上去。除此之外，这片区域还保留着其他佛塔的遗址。部分稀有树木杂草丛生，有用来膜拜湿婆的林伽（路边一定掩藏着地雷！）。沿着西面攀过荔枝山进入游客中心⑯暹粒→P.71，这里有每个来柬埔寨的游客的旅游高潮——传说中的废墟之城⑰吴哥→P.57，这座城市以寺庙建筑吴哥窟而闻名于世。您需要3天时间在这座寺庙之城乘坐突突车、出租车或者骑自行车，游览本次旅行中最重要的路线。到了夜晚，当您饥肠辘辘地回到暹粒时，您会在此闻到高棉菜的味道。

第2天早晨，离开喧嚣的暹粒，沿着N6和N5来到安逸迷人的⑱马德望→P.67，漫步在纳斯中央市场集市，买一些纪念品，然后在沿着河边骑自行车

几乎与冥想一样有益健康：在波哥山上远眺

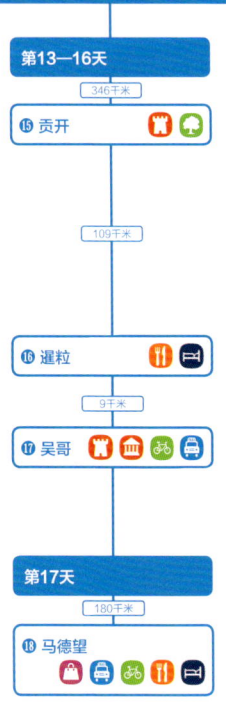

独特体验之旅

放松之前乘坐一回竹制火车。您可以在精致的拉维拉别墅租一间房,这是一个20世纪30年代的殖民别墅,拥有很好的酒店,花园里还配有游泳池。

在这条路上继续向南行驶,在 ⑲ 乌栋(¥门票1美元)有一个站点,您可以从远处的山丘上看到山顶的佛塔:当您爬上500级台阶,您能欣赏到大海、稻田和桄榔的壮丽美景。经过金边,通过N2和N3驶向海岸线。中途在一个美丽的河畔小镇 ⑳ 贡布→P.33上,您不妨稍作停留,以便第2天清晨就可以从这儿出发去 ㉑ 波哥高原(Bokor-Hochplateau)→P.36。从中午开始,大部分云层阻碍了约1 000米高的远景。在一处塌方处将N3和N4带至海边,在那里您将结束包括 ㉒ 西哈努克市→P.49海滩生活在内的柬埔寨之旅。当地居民和游客在海里以及7个海滩上嬉戏打闹。绕道到达盖岛,在潜水中发现柬埔寨的水下世界。

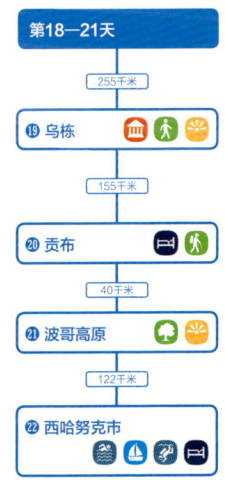

前往柬埔寨的最南部

2

起点: ① 金边
终点: ① 金边

路程: 960千米

9天 乘车时间 16小时

费　　用: ¥约1 120美元(包含租车、汽油、住宿、门票)

携带物品: 洗漱用品、旅游鞋、雨衣、防晒霜、驱蚊水

注　　意: 生态民宿需要在查波克生态旅游上预订(¥¥ ☎ 0 12 69 85 29, 0 10 73 06 00 @ www.chambok.org)

很多柬埔寨人在周末时会从拥挤的金边来到海岸边。如果只是为了沐浴和游览海岛而去柬埔寨南边,那就太遗憾了,那里还有丰富的宝藏——国家雨林公园,您可以在此看到野生动物、瀑布、渔村和寺庙。您可以租车游览动物园,这里有大量活动适合家庭和儿童游玩。

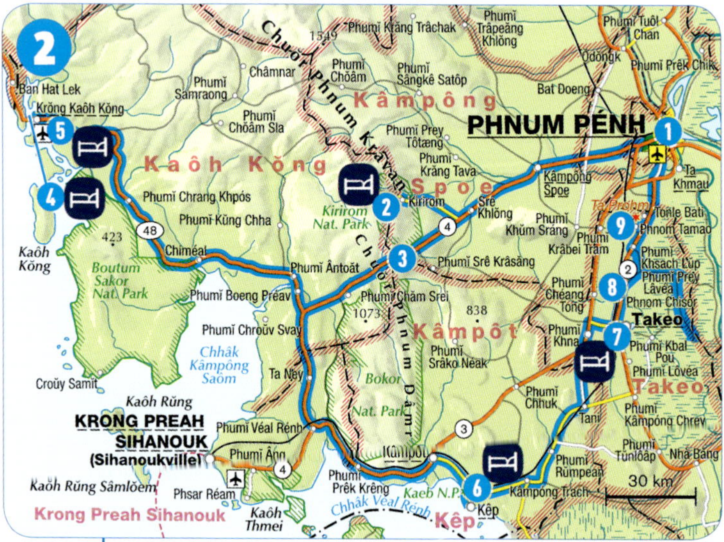

第1—3天

❶ 金边

96千米

❷ 基里隆国家公园

第4天

45千米

❸ 皮驰尼

188千米

❹ 戈公岛

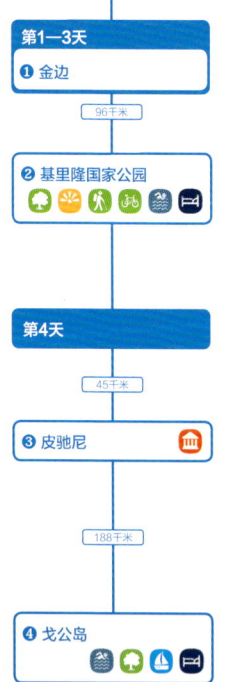

从❶金边→P.40的N4沿着西南方向经过稻田、集镇和远方的豆蔻山脉，90千米后，您的司机应在川青村（Treng Trayeung）以南8千米处沿着通往苏拉马蒂—格萨马克国家公园（Preah-Suramarith-Kossamak-National-park）的岔路行驶，那里更著名的是❷基里隆国家公园。公园里有松树、约30米高的查波克瀑布——蝙蝠洞穴和海拔约700米气候宜人的地方。在查波克生态旅游的生态民宿住上3晚（¥门票5美元），向主人打听去周边地区坐牛车、骑自行车和步行的路线。做一次徒步郊游，上一次烹饪艺术课，在瀑布下沐浴都会是很好的体验。

回到N4继续行驶20千米，在豆蔻山脉和象山之间的❸皮驰尼（Pich-Nil-Pass）就像当地的当地锦囊 守护女神芽茂（Ya Mao）一样保护着游客。在众多神坛中选择一个，点燃3支香，并在捐赠箱里放上1 000瑞尔。这里属于热带气候，到处是椰子树、棕榈树还有油棕种植园。在昌卡·朗格（Chamkar luang）转入右边岔路，进入铺好沥青的N48，沿着海岸线到达❹戈公岛→P.54。在海里畅游，然后乘船探索红树林。

独特体验之旅

从戈公岛出发来到险峻的 ❺ 豆蔻山脉→P.54，在几天的徒步探索中，可能还能看到最后的野生大象。您可以坐在皮艇上穿过红树林，在瀑布下沐浴，在荒野中的豆蔻山度假村（Cardamom Mountain Resort）住宿（4间客房 ￥¥ ☎ 0 92 78 60 47（Hans）@ www.cardamommountainresort.com）。

回到N48向南行驶，便来到了沉睡已久的沿海城市白马市，您可以在 ❻ 白马旅舍→P.39 住宿，旅社就在海边的山坡上，在这里可以看到波哥山国家公园的美景。回到金边的返程路上沿着N33经过旅游线路不远处的省会城市 ❼ 茶胶——远处风景十分秀丽，雨季时雨水漫过庄稼和一张古老的水道网（在7—10月最吸引人）。在这里，您需要预留3小时，随着一艘特许的渔船（￥25~30美元）驶过15号运河和茶胶，穿过一片绿油油的稻田，沿途经过养鸭、水牛的牧民和渔民的定居点，最后到达

第5—6天

10千米

❺ 豆蔻山脉

第7天

263千米

❻ 白马旅舍

第8天

107千米

❼ 茶胶

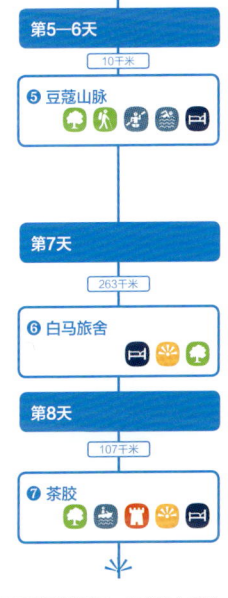

水道遍布茶胶

柬埔寨

第9天

161千米

⑧ 奇梳山寺

20千米

⑨ 塔茅山动物园

50千米

❶ 金边

庙（Phnom Da）（💴门票约2美元）。在这座从11世纪起就建立在100米高的同名山丘上的寺庙里能看到邻国越南的风景。茶胶比较好的酒店是道恩乔宾馆（Daunkeo Guesthouse & Hotel，19间客房。💴¥ 📞0 12 99 81 10 @ www.daunkeo.com），该宾馆在一片美丽的花园里，设有标准间及别墅。

第2天早晨继续向北，您将领略到⑧奇梳山寺（Phnom Chisor）（💴门票2美元）的绝妙全景，游客可以登上500级台阶。为了完美地结束您的旅行，向北通过N2去往巨大的⑨塔茅山动物园（Phnom Tamao Zoological Garden），也叫塔茅山野生动物救助中心→P.116，您能在回❶金边之前，在这儿遇到黑熊、老虎和大象。

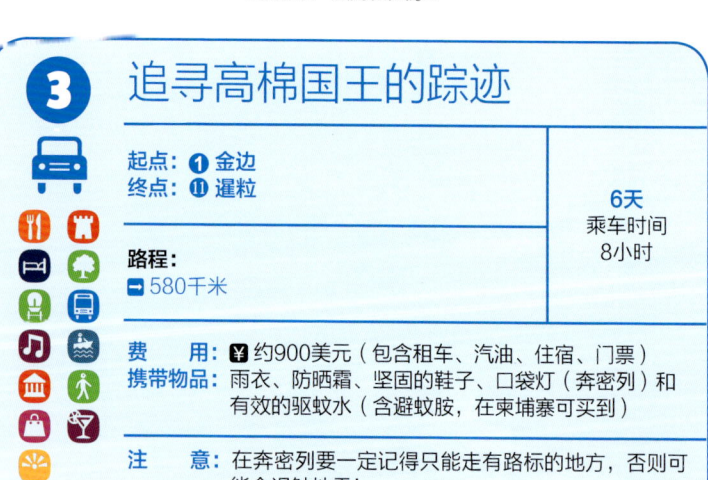

3 追寻高棉国王的踪迹

起点：❶ 金边
终点：⑪ 暹粒

路程：
🚗 580千米

6天
乘车时间
8小时

费　用：💴约900美元（包含租车、汽油、住宿、门票）
携带物品：雨衣、防晒霜、坚固的鞋子、口袋灯（奔密列）和有效的驱蚊水（含避蚊胺，在柬埔寨可买到）

注　意：在奔密列要一定记得只能走有路标的地方，否则可能会误触地雷！

大部分游客从金边到暹粒，更确切地说，到吴哥都是乘坐大巴——走N6不到6小时就能直达目的地。但是您会错过一些沿途的景点，如1 300年的寺庙之城三波坡雷古（Sambor Prei Kuk）和一座接近1 000年的古老的桥。像奔密列这样静谧的地方是吴哥古迹群游客过多时的绝佳替代。

独特体验之旅

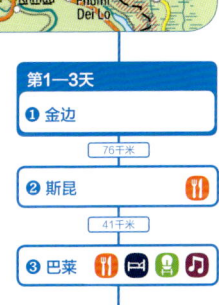

　　从 ❶ 金边 → P.40 沿 N6 开往北边。❷ 斯昆因可食用的拳头大的蜘蛛而出名。在偌大的集市休息一下,体验一次异国独有的美食如何?在北部小镇 ❸ 巴莱以及它的社区项目,您可以在日光咖啡馆(Solar Café)(¥¥)享受美食,并在高棉村民宿(Khmer Village Homestay)过夜。(¥¥,两天包括一切费用约60~65美元 ☎ 0 60 33 77 77 @ www.khmerhomestaybaray.com)

　　这间民宿内设有简朴、原汁原味的木屋(部分配备空调)和一幢华丽的家庭别墅。在这儿参

第1—3天
❶ 金边
76千米
❷ 斯昆 🍴
41千米
❸ 巴莱 🍴 🛏 ♿ 🎵

柬埔寨

牛车仍然是柬埔寨农村主要的运输工具

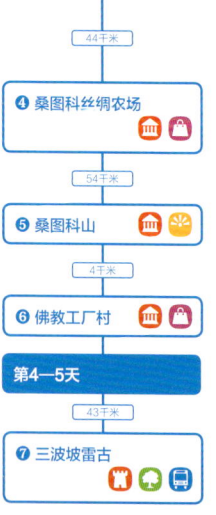

```
        44千米
   ┌─────────────┐
   │ ❹ 桑图科丝绸农场 │
   └─────────────┘
        54千米
   ┌─────────────┐
   │ ❺ 桑图科山      │
   └─────────────┘
         4千米
   ┌─────────────┐
   │ ❻ 佛教工厂村    │
   └─────────────┘
       第4—5天
        43千米
   ┌─────────────┐
   │ ❼ 三波坡雷古    │
   └─────────────┘
```

与一次马车出行,观赏传统的舞蹈表演吧。巴莱村附近更多的景点非❹桑图科丝绸农场(Santuk-Seidenfarm)莫属(⏰周一至周六7:00—11:00, 13:00—17:00 ☎0 12 90 66 04 @www.santuksilks.com),沿桑树绕一圈穿过生产站就是纪念品商店。❺桑图科山(Phnom Santuk)(¥门票约2美元)和它同名的寺庙在800级台阶的尽头,在❻佛教工厂村(Buddha Factory Village Kakaoh)沿着N6能看到等肩高的大佛石像。

第2天,您可以参观磅同(Kampong Thom)东北方向的早期高棉寺庙❼三波坡雷古,该建筑建于7世纪的前吴哥时期。部分崎岖不平的道路主要由汽车、小巴或突突车经N64通过原始的高棉村到达宽阔的荒地中央的寺庙地带,曾经有100多座三波坡雷古是616—635年在位的国王伊奢那跋摩一世(Isanavarman I)根据真腊都城伊赏那补罗城(Isanapura)的名字建立的。三波寺是3幢复

独特体验之旅

合大楼之一,在它的砖塔里放着一些神像的复刻版(原物在金边)。西南方向约600米处是陶塔(Prasat Tao),由两尊石狮守卫着。在❽磅同有一家 <mark>směm</mark> 桑伯尔村酒店(Sambor Village Hotel)(19间客房。¥ ¥¥ ☎ 0 62 96 13 91 @ www.samborvillage.asia),这家田园风情酒店建于盛河(Stung Sen)边,带有小游泳池、漂亮的别墅和小饭馆。第2天,在盛河和洞里萨湖体验"两栖"的河内郊游,乘坐快艇,您会看到岸边的孩子们在玩水,农民们把家畜带到水边喝水,渔夫们则在撒网捕鱼。

早晨沿着N6继续向北,在洞里萨盆地中央沼泽地、稻田和桄榔树之间,一座巨大的由红砖建成的拱桥直通坎彭区(Kampong Kdey),拱桥名为 <mark>směm</mark> ❾宾帕多(Speam Prap Tos)。穿过史东·奇克朗(Stung Chikreng)的作品:神话中的那伽蛇在两旁爬行。它是阇耶跋摩七世(Jayavarman VII)于约800年前建立的。当您从水坝经N6向右进入分岔路(小沥青路直接在市场前面,没有路标!),紧接着您将来到长久以来因地雷而被封锁的吴哥窟❿奔密列→P.59(¥ 门票5美元,停车场约2美元)。当德国专家在该地区进行扫雷后(现仍保持活跃),这片废墟可以再次提供完整参观。建立在森林中间的12世纪寺庙由于它的石块碎片和它所包含的神秘气氛,如塔布茏寺那样给人留下深刻的印象。巨大的榕树根下的废墟,隐藏的走廊,人们用四肢攀过蜘蛛网,越过砂岩块才可到达(在木桥上更加舒服,没有"夺宝奇兵"那样的感觉),在那里人们可以发现湿婆等神明的雕像。阿布沙罗斯从隐藏起来的壁龛里向下看,游客相对较少。您要是想到这儿来游览,请尽量早一些,在9:00之前,旅游巴士就会载着一车喧闹的游客到这来。在这之后经N6到达⓫暹粒→P.71,并在当地的索里亚摩瑞亚屋顶酒吧以高棉美食和鸡尾酒结束这一天的旅程。

柬埔寨

4 金边老城：从装饰派艺术到新高棉式

起点：❶ 国家博物馆 终点：❽ 河边小酒馆	1/2天 步行时间 2.5小时
路程： ⟷ 3千米	

费　用： ¥ 10美元（饮料、电影）
携带物品： 晴雨伞

注　意： 金边并不是一个悠闲的城市，它闷热、喧嚣、交通混乱，没有车辆为行人让路。您一定要有所防备，小心行走。由于摩托车"扒手"较多，您最好将包或相机挂在脖子上或背双肩包。

穿过这座城市最古老的街区，您便进入到了城市建筑史之中。从1863年法国人开始在此进行殖民统治起，便留下了特色鲜明的殖民建筑。"新高棉建筑"属于后现代主义，它诞生于20世纪五六十年代，著名的建筑师如旺莫利万依照柯布西耶的风格完成了一件独一无二的热带建筑，很好地利用了光影、风和空气。优雅的新装饰主义建筑包括带有统一的抽屉式阳台的公寓，还有一些中国风店铺。

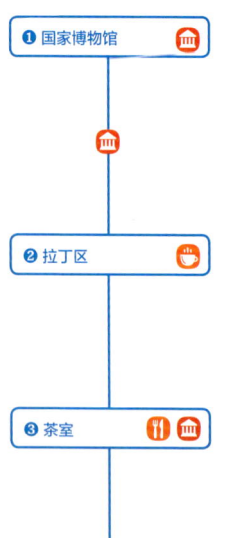

08:00 从寺庙风格的 ❶ **国家博物馆**→P.40出发，沿着178号大街进入市区——在13号街道的拐角处，您会注意到一幢奇特的厕所楼，这原来是1959年一栋不起眼的现代主义圆形建筑。在博物馆对面是一幢铁护栏围起的1900年建造的极好看的别墅，它的瓦顶、精致的克利奥尔式的屋顶装饰和大立柱阳台随即映入眼帘。19号大街拐角处，另一栋别墅里正在招待客人，这里是 ❷ **拉丁区**，您可以在这儿用咖啡来提神。在这中间的则是百年老校艺术大学（University of Fine Arts）。现在，在19号大街向右转弯，有一个屋顶带有藤架的拐角屋，几乎在172号街的左边角落"拐弯"——这个圆形的角是典型的20世纪40年代金边的建筑风格。在126号房屋的后面隐藏着一个带有 ❸ **茶室**（¥ ¥¥ @ www.teagarden.info）的漂亮的内院。在花园饭店休息一会儿——品尝法式烤面包片或配着精选的茶吃上一

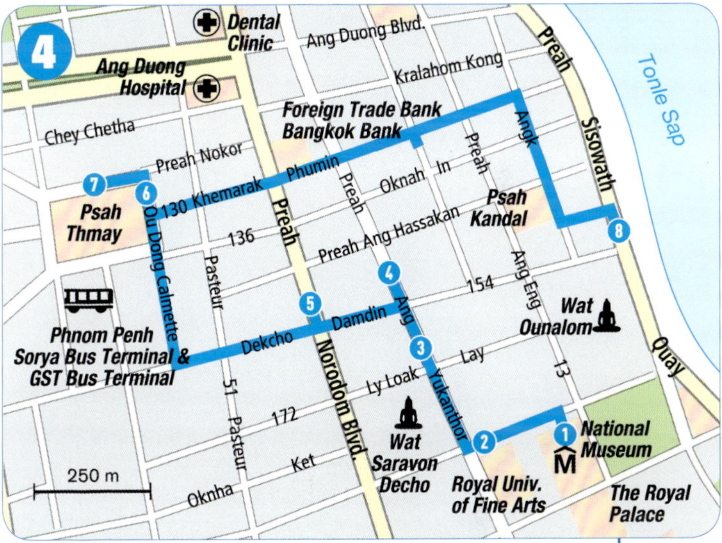

独特体验之旅

块伯爵茶巧克力蛋糕。请注意保持瓷砖地板的原貌。几步之距（148号大街的拐角）便是华丽的❹国会电影院（Capitol Cinema），建于1964年，它有不同寻常的圆形立面。

❹ 国会电影院

🕙 经过一些老旧的褪色的店铺，这里有典型的中式联排别墅——下面是店铺，上面是住处，沿着154号街道一直到诺罗敦大道（Norodom Boulevard），在拐角处有❺卢克斯电影院，上面贴着多彩的带有极简主义的圆形活动海报，可惜的是，现在完全建好的门面与1938年对比，少了 当地精粹 泰国恐怖经典，门票仅需6 000瑞尔，甚至不到2美元——一次绝佳的体验！现在，穿过诺罗敦大道，最好走柬埔寨的"背风面"。继续在154号大街上行走，一直到53号大街向右转弯，在下一个拐角，中央市场的对面据称是❻最古老的殖民房屋之一：您注意一下这个房子的结构可以发现，在阳台和屋顶上建有一个附加的住房，它是由木头、瓦和镜面玻璃组合在一起的——这可以说是一幢"高棉楼顶房屋"。金边的装饰主义建筑在现在已越来越受到人们的关注。❼中央市场→P.43：1937年依对

❺ 卢克斯电影院

❻ 最古老的殖民房屋

❼ 中央市场

柬埔寨

称几何原理建造了十字形建筑,用它的4个侧翼修建了中央市场上的纪念碑。您可以沉浸在喧嚣的市场中,留意选购一条典型的格罗麻围巾。接着沿130号大街向右行驶到诺罗敦大道——您会经过一幢雄伟的建筑,这里有弯曲的角落和精致的花岗岩立柱:当时的"标致车库"和1935年的店铺现在成了一家中国银行。

🕐 13:00 在130号大街拐角的交通灯处,您可以在诺罗敦大道非常安全地穿越河流,继续沿着办公楼和罗旺子树荫下的居民区方向行走。在15号大街,您可以亲眼见到3种有趣且相邻的复合型建筑:带有阳台的两层殖民时期建筑,典型的新高棉式建筑,装饰主义建筑,在此之间还有不起眼、脆弱的商住两用房,它可能都没法抵挡下一次的季风。回到130号

真正的旅行

您若想要真正探寻当地人的生活,不妨试试刺激的 当地锦囊 ▶**国王火车之旅**,建议坐金边和马德望之间的火车。您可以用充足的时间在200节车厢中选一节进行一日游,这列火车也是用的柬埔寨国王铁路的14个柴油机火车之一(🕐 金边出发6:20,到达马德望23:45 ¥ 4 200瑞尔),全长280千米(到马德望),更确切地说是340千米(到诗梳风),向北颠簸而行。请早点到场以便占座。您必须记得将发动机损耗计算在内。这是一场怀旧之旅,但是可能不是特别舒适,厕所可能是锁着的,没有窗户或防晒霜,这是一场艰苦的旅行。

可以少一些冒险,但至少是要住在像生态民宿 当地锦囊 ▶**搭磅桑克村**(Trapang Sangke Village)那样可靠的地方。(6间客房。🏠 贡布以西7千米的N3路 ¥ ¥ 📞 0 69 30 65 05,0 12 27 04 26(英语)📧 hiet_007@y/mail.com)游客和志愿者(作为工作营地的一部分)在渔民那儿了解了很多近几年此地不断遭破坏的红树林的重建情况,这对海岸保护而言十分重要,因为许多鱼类和其他生物的栖息地也是渔民们赖以生存的地方。今天,人们在苗圃栽培红树林,这些树苗长大甚至能守护这个村庄!游客住在6个简易的带有小饭馆的木屋里或直接住在 ● 10个渔民家庭中的一个,可以乘皮划艇然后在海里沐浴,或者出海钓鱼。

独特体验之旅

十字形装饰主义风格的中央市场

大街，右边映入眼帘的是1905年的国际饭店和它已经褪色了的字迹、圆形屋顶、带护栏的阳台和屋顶棚屋，当看到于1918年修复的黄色殖民时期的豪华别墅时，在别墅前的5号大街右转，通往甘丹集市。

14:00 在西索瓦码头与148号大街拐角处停下，这里有一座粉红色的焕然一新的殖民时期建筑，您可以前来 ❽ 河边小酒馆（￥￥￥），在藤椅上享受午餐。

❽ 河边小酒馆

户外活动

柬埔寨对于喜爱冒险的运动爱好者来说是一个不错的目的地,但是很多体育项目还处于起步阶段,如攀岩、洞穴勘探、徒步远足,还有很多未开发的地方蕴含着无限潜力。

越野摩托和山地自行车在尘土飞扬的路上行驶极具"越野感",是其中很流行的运动方式。国家公园中高空滑索和徒步旅行一样,预示着无尾气排放越来越成为趋势,带来肾上腺激素高涨和无限乐趣。按摩同样也属于休养项目,在很多高档一点的酒店都有提供。然而,这些项目的规模不能和泰国的健康疗养项目相比。

高空绳索/悬索桥

目前柬埔寨最流行的"生态"活动是:像人猿泰山那样晃过雨林一次,在树梢间摇摆的吊桥保持平衡,在最后离巨树还剩50米时用绳索吊下,(几乎)像猴子挂在钢丝绳上那样自由落体。在暹粒,有全国最长的吊索,人们抓着它从一个平台跃到另一个平台上。对于度蜜月的新人甚至专门提供"双人"情侣吊索。这项趣味活动并不便宜,费用包含头盔、手套和符合国际标准的腰带。吴哥特级飞索探险 ¥ 约110~140美元 @ www.

上图:在荔枝山国家公园徒步旅行

运动挑战项目、真正的冒险或舒适的消遣——在这儿保证您不会觉得无聊。

treetopasia.com

高尔夫

在废墟中击球入洞：在暹粒，人们有两个地方可以挥动球杆，如高品质的索菲特酒店的佛基拉高尔夫球场（Phokeethra Country Club，18个球洞 ¥ 游客60美元起 @ www.phokeethragolf.com）。在金边附近有金边皇家高尔夫俱乐部（Royal Cambodia Phnom Penh Golf Club）（🏠 金边以南9千米处），它的9洞场地和奢华的柬埔寨高尔夫和乡村俱乐部（Cambodia Golf & Country Club）🏠 金边西南35千米处，共有18个球洞，是全国第一个高尔夫球俱乐部。

柬埔寨

皮划艇、独木舟/乘船旅行

在许多河流上您都有很好的划桨机会,划船顺着河流经过渔村、宝塔和部分雨林景观(例如在洞里萨湖、马德望、腊塔纳基里省和西哈努克市、白马市的海岸,在酒店或向举办者租船)。即使没有这些活动,您也可以在湄公河、洞里萨湖和通向越南的湄公河三角洲上乘船旅行(可惜只允许有租赁许可证的船只通行)。这项运动可以在金边和暹粒体验(@ www.cfmekong.com),潘达(Pandaw,@ www.pandaw.com)用豪华游轮在金边和暹粒之间往返。

摩托旅行

越恶劣、泥泞的路,越吸引着真正的"越野摩托车"旅行爱好者,他们到遥远的吴哥窟遗址或穿过位于班隆和森莫诺隆之间的最近的雨林,越过沙路,经过牛群,跨过涨水的盆地。游客应该会成为柬埔寨有经验的越野车司机,并明确知道远离首都或暹粒的地方医疗条件较差,需要自身掌握一些医疗知识。当地推荐▶亚洲冒险骑手(一日游75人起,租金25美元起 🏠 Highway 76,森莫诺隆 📞 0 78 0 25 03 50 @ www.adventureriderasia.com),或在萨朗先生的绿色小屋(Greenhouse)租车(🏠 森莫诺隆 @ www.greenhouse-tour.blogspot.de)。

自行车旅行

总体而言,柬埔寨地势平缓,没有很多机动交通工具——最理想的方式是骑自行车。但是,这并非没有隐患,因为乡村公路上交通事故也在增加。高地对山地自行车手而言仍是一个全新的挑战。骑手可以在金边租自行车。为了应对意外,应该随身携

不想自己划船的游客可以乘坐洞里萨河上巨大的渡轮航行

户外活动

带几个备胎。普通骑自行车的人也可以在该国鲜为人知的角落里预订有趣的旅游,如亚洲冒险(@ www.asia-adventures.com)或蚱蜢历险(@ www.grasshopperadventures.com)。皮皮骑术(Pepy Ride)提供自行车旅行的义务陪骑机会(@ www.pepytours.com)。

攀岩

与邻国泰国和越南一样,柬埔寨的攀岩运动还在起步阶段,设施会越来越完善。在此之前,您需要随身携带设备。有很大攀登潜力的地区有==当地锦囊==➡ ==贡布的崎岖的卡斯特丘陵、磅德拉和磅湛==,马德望北部如茶胶、暹粒。您可以在金边和暹粒找到实训机会。@ www.rockclimbingincambodia.com

浮潜/潜水

在西哈努克市有一些国际专业潜水教练协会创办的潜水学校。有时在戈公岛、高龙撒冷岛和通岛的大部分潜水区的能见度普遍比较低(10~25米,有时候能达到40米),沿着海岸线的乘船旅行都至少需要1.5小时。在这里潜水,您能看到一大群长达2米的军曹鱼、闪闪发光的鹦鹉鱼和其他五颜六色的海洋生物。在夜游时可以看到蓝色花纹的黄貂鱼、小鲨鱼(没有危险)。戈公岛的西面是一片很好的潜水地,主要区域是在有很多珊瑚礁的科斯达赫群岛(Koh S'dach Archipelago)。最好的潜水时间是11月到次年5月左右,海面在雨季就太过汹涌了。国家水肺潜水(@ www.divecambodia.com)。

漫游/徒步

柬埔寨有近20个国家公园、自然保护区。其中基础设施最好且配有部分会说英语的护林员的是维罗杰国家公园,在这里进行探险旅行有机会观察到野生动物(@ racheyecotourism.blogspot.de,www.trekkingcambodia.com)。西哈努克市一日游探索的最佳方式是从波哥山国家公园和云壤国家公园开始(简朴的住宿条件),除此之外还有金边附近的基里隆国家公园。戈公岛附近的豆蔻山脉,仅存的老虎和野象都具有魅力,旅客在这里可以住在乡间民宿,如在奇帕特(Chi Phat)过夜,用亚洲探险(@ www.asia-adventures.com)可预订4天或7天的徒步旅行。

带着孩子旅行

柬埔寨给人的第一印象并不属于最适合孩子旅游的国家。由于伤寒、肝炎、疟疾、骨痛热等疾病较为常见,必须注射疫苗、携带驱蚊水等,一定要做好预防措施!在路上要抹上高指数的防晒霜、戴好宽檐帽、多喝水,这些对于整个家庭都十分重要!可乐、炸土豆片或意大利面在游客中心都有提供。在柬埔寨不要吃冰激凌。酒店的儿童床和尿布都是抢手货(带好足够的纸尿裤和奶嘴)。一些经典活动,几乎任何年龄的孩子都能在各自的环节中收获乐趣:在蒙多基里省和腊塔纳基里省骑大象或在海岸线旁的海里嬉闹,还有在西哈努克市游览。

金边

儿童城(Kids City)(折页D5)
在这里,最年幼的孩子在有空调的室内游戏场尽情地玩蹦床和滑梯,大一点的孩子则可以玩攀登墙、微型赛车、碰碰车或激光射击〔🏠 金边西哈努克大道162号 🕐 10:00—20:00 入场,💰(每项活动!)门票8美元,孩子5~8美元 @ www.kidscityasia.com〕。

塔茅山动物园和野生动物救助中心(Wildlife Rescue Center)(折页H5)
这里是柬埔寨最好的动物保护机构,很多被非法狩猎的动物在这里找到了住所。黑熊、豹子、老虎、大象生活在可进出的笼子里——最经常活动的是猩猩,游客可以给它们喂食。游客也可以看到大象用鼻子在T恤上画画(🏠 金边以南44千米 🕐 8:00—16:00 💰 动物园门票5美元,儿童2美元。野生动物救援中心一日游:150美元,儿童:10~16岁75美元,3~9岁30美元 @ www.wildlifealliance.org)。

博登寺游乐园● (折页e4)
攀爬架、秋千、滑梯——这个新建的精致游乐场很符合孩子的胃口。可能这条路上需要多一点树荫,但您不一定非要在正午时分过来;这儿有一位看守,还有小吃摊、饭馆。同名的博登寺(Wat Bodum)就在对面。

> 蝴蝶和小马,皮影和大滑梯——孩子们在柬埔寨将会收获很多乐趣。

金边水上公园(Water Park Phnom Penh)(折页0)

海浪泳池和巨大的水上滑梯(只在周末开放),喷泉和大救生圈——水上公园给每个人带来了乐趣(安全和维护与国际标准相比有差距)(🏠 50 Pochentong Road,机场方向 🕘 9:30—17:30,少数工作日满员时10:00—14:00 💴 工作日门票2美元,周末3美元)。

暹粒

蝴蝶花园餐厅(折页c3)

在这个热带花园有1 500只蝴蝶(在网里)。当父母享受传统音乐现场和足浴(🕘 优惠时段15:00—19:00)时,孩子们可以去玩别的:每周一、周四和周六的11点都会有上百只蝴蝶被放出来——它们被贫困村庄的孩子捕捉,他们需要为此付费。(🏠 波寺街和河流之间,近瓦特普罗姆红桥 🕘 9:00—22:00 💴 ¥ @ www.butterfliesofangkor.com)

皮影戏剧院(折页c3)

在暹粒的拉诺里亚酒店(La Noria Hotel),孤儿院的孩子们表演着皮影戏(也叫sbeik toot)和传统舞蹈 [🕘 周三19:30 💴 门票约7美元,晚餐另算 📞 0 63 96 42 42 @ www.lanoriaangkor.com。您也可以去位于沃波寺街的巴戎寺大酒店(Bayon Restaurant)看皮影戏。]

快乐牧场(The Happy Ranch)(折页F2)

萨里·潘恩(Sary Pann)先生的马场临近暹粒,游客可以骑着柬埔寨的小马(🏠 机场方向N6路,暹粒以西约1.5千米 💴 每小时20美元起)或者乘坐马车绕着寺庙跑一周 📞 0 12 92 00 02 @ www.thehappyranch.com

每月节庆与活动

柬埔寨节日

4月

4月中旬结束收割季节，柬埔寨人开始欢庆高棉新年，至少要持续3天。乡间道路车多人多，宾馆房间价格翻倍（请尽早预订），酒店客满或关门。在新年这一天，宝塔挤满了来自世界各地穿着节日服装的游客，大家在拉姆旺（ram von）跳一种慢动作的集体舞。人们给僧侣和寺庙捐赠——香蕉叶编织的篮子里装满了钱、食物、线香、烟草、鲜花和水果，其中幸运数字发挥了很大作用，比如有人捐了5根蜡烛、7根烟……为了表示感谢，僧侣会一桶一桶地将赐福的水浇向信徒。因为新年同时也是做一次彻底（象征性的）清洁的时候：佛像和屋子都要擦洗一遍，人们还要给自己买一身新衣服。您若是走在乡间小路上，或多或少会看到微醺的"强盗"，他们在路上跳舞、大笑、唱歌，并请求游客"捐款"。

5月

在御耕仪式（Bon Chroat Preah Nongkoal）上，国王或其代表会在国家博物馆前的广场上象征性地耕地，因为5月是雨季的开始，庄稼进入播种期。国王播种盛典（Die königliche Pflugze remonie）是一种借助占旱家、公牛的天气预报和占卜方式：在耕地之后，公牛要选择装着稻米、玉米、大豆、草或其他粮食的金杯及水和葡萄酒——它们吃的东西被认为是下一季产量高的产物。一旦牛喝了葡萄酒就意味着农民甚至是整个柬埔寨将面临天灾，例如洪水。无论何种预兆，这种典型的民间习俗是一种丰富多彩的、糅合了很多传统活动的事件。

11月

为期3天的送水节，气流不断变化——这个柬埔寨最大的节日伴随着华丽明亮的龙舟和烟花，数以千计的人在金边洞里萨河畔欢庆雨季结束。

★●送水节的背景是洞里萨湖的湖水

热闹的节日、国王盛典和水牛预言——来一起欢庆柬埔寨节日吧！

回流，即当它不能容纳由季风带来的湄公河水位的上涨，就向洞里萨湖回流。早前高棉国王崇拜上天，亲口下令改变洞里萨湖的流向。自20世纪90年代以来，经过数十年的内战后，国王再一次直接站在了湄公河和洞里萨河交汇处的观礼台上。国王的其中一艘船"穿过"水面上松开的绳索，这是一道象征性的门，现在经过洞里萨河再次向着大海流去——带着数以百万计的鱼。

12月

数以千计的来自40个国家的跑步运动员相聚于此，来参加沿着吴哥窟遗址的吴哥窟国际半程马拉松（Angkor Wat International Half Marathon）。5千米长的比赛距离也很适合业余爱好者（@ www.angkormarathon.org）。

节庆日

1月1日	新年（元旦）
2月	麦加宝蕉节
3月8日	国际妇女节
4月14—16日	柬埔寨新年
5月1日	劳动节
5月	比萨宝蕉节
5月13—15日	西哈莫尼国王诞辰
6月18日	莫尼列太后诞辰
10月29日	西哈努克国王登基日
11月9日	独立日

旅行随时查

网页／博客

www.marcopolo.de/kambodscha　在这里您可以一览所有旅游景点：交互式的地图设计，可规划旅途，网站上有网友评价、实时新闻以及其他功能等。

short.travel/kam1　欢迎来到高棉帝国！通过互动全景摄影，将自己置身于圣剑寺和柏威夏寺的寺庙残骸中。

short.travel/kam2　教您说柬埔寨语，有关于高棉语的音频课程（英语界面）。

andybrouwer.co.uk/ctales1.html　安迪·鲍威尔（Andy Brouwer）1994年就来过柬埔寨，自2007年起他在金边生活和工作，他每日在他的英文博客上撰写详尽的旅游故事和来自全国各地的柬埔寨故事，以及有趣的文章，他是一位的柬埔寨通。

livinginpp.wordpress.com　瑞士游牧民弗雷迪（Freddy）自2009年以来一直用英语报道柬埔寨、越南和老挝的相关内容：关于他的旅行、参观酒吧和餐馆、天气等。

www.asialifemagazine.com/cambodia　在这里，您将看到有关艺术、餐厅、最新热点与时事等内容。

blueladyblog.com　博主寇立姬（Kounila Keo）将电影制作人的电影研究和电影剪辑放在她的英文页面上。

www.sea-globe.com　《东南亚环球报》是一本由德国人与柬埔寨人在金边合办的新闻月刊，杂志的重点是摄影作品，而且在许多的亚洲国家都能看到它的英文版。

> 无论是准备出行还是已到达,这些网址和信息都能够为您的旅行提供帮助。

loungung.com 著名作家和郎恩(Loung Ung)在她的英文网站上搜集了各种新闻。

www.mr-angkor.com "吴哥先生"开设的网站。透过照片与文字,展示吴哥窟自助旅游心得。

www.kambodscha-info.de 提供有趣的新闻报道链接。

视频/音乐

short.travel/kam4 乘坐配有怀旧风格的内燃机的柬埔寨皇家铁路旧车,来一趟从金边到诗梳风(Sisophon)的完美旅行。

short.travel/kam5 有关位于金边的德国—柬埔寨艺术中心的梅塔屋(Meta House)和此处的当地艺术展览及电影首映。简言之:柬埔寨艺术与媒体的剪影。

short.travel/kam6 安吉丽娜·朱莉(Angelina Jolie)谈到2000年她在柬埔寨遭遇的枪击事件(第一次)以及柬埔寨如何改变了她。整个事件虽然只是明星摄影师安妮·莱博维茨(Annie Leibovitz)在柬埔寨为路易威登包包拍摄的慈善宣传活动,但做得无懈可击。

www.khmernetradio.com 欣赏近期在当地餐厅都会播放的柬埔寨音乐。在坤破(Khun Pimoj)网络电台收听老歌和经典的拉蒙舞(Ram-Vong-Klassiker)。

Apps

World Nomads Cambodian Language Guide 再也不会有语言障碍!这款英语应用程序列出了旅行者在旅途中会常用到的最重要的术语的恰当翻译,还提供简短的语言课。

Cambodia Wallpapers 您只需要在智能手机上安装这个应用程序,就可以下载这个美丽国家的照片了。

本出版社不对以上提到的网址的内容负责。

实用信息

航班

北京、上海、广州、深圳、重庆、成都、杭州、福州、合肥、南宁、无锡、南通等城市均有直飞柬埔寨的航班。每周约155个，其中直飞金边的70个，直飞暹粒的82个，直飞西哈努克市的3个。

问询中心

柬埔寨驻华大使馆

🏠 东直门外大街9号 📞 86 10 65 32 18 89 ✉ camemb.chn@mfa.gov.kh

亚洲小径（Asian Trails）

🏠 22 Street 294, Phnom Penh, 📞 0 23 21 65 55, ✉ www.asiantrails.info

当地探险（Local Adventures）

🏠 c/o Lotus Lodge, Siem Reap, 📞 0 63 96 61 40, 金边 0 23 99 04 60, ✉ www.local-adventures.com

季风旅行社

🏠 Büro Siem Reap 030 Phnom Steng Thmey（Bezirk Svay Donkom）, 📞 0 63 96 66 56

🏠 Büro Phnom Penh 27 Street 351, Sangkat Boeng Kak 1（Bezirk Tuol Kork）, 📞 0 23 96 96 16, ✉ www.monsoontours.com

银行/金钱

大部分银行都在周一到周五8:00—15:30/16:00办公，少数银行在周六8:00—11:30/12:00办公。瑞尔是官方货币，但是所有贵于一碗面条的价钱更常用美元来支付。我们推荐您携带美元、几千瑞尔以及银联卡。柬埔寨境内九成以上商户及ATM可受理银联卡，部分会收取手续费。货币兑换的摊子通常比官方的特许兑换处更便宜，但它们通常都是非常不显眼的小摊位。

外事机构

中国驻柬埔寨使馆

🏠 金边市毛泽东大道156号 📞 00 85-（0）12 90 19 23（24小时领事保护手机）、00 85 5-（0）23 21 70 86 ✉ kh.china-embassy.org

绿色出行

旅行时，您也可以改变世界，比如时刻提醒自己在旅程中尽量选择二氧化碳排放较少的交通方式，学习如何以环保的方式规划您的路线。同时也要注意，尽量保护旅行国家的自然和文化。作为游客，保护自然环境、保护区域特色、减少自驾、节约用水等保护生态环境的举措是非常重要的，请务必多加关注。

从开始到结束：旅行中不可或缺的信息。

中国驻暹粒领事办公室

🏠 暹粒市诗威丹空区沙拉甘西昂村第6组99街899号 📞 0 08 55-（0）78 94 61 78（24小时领事保护手机）、0 08 55-（0）63766523 @ consulate-sr@mfa.gov.cn

出入境

根据协议，持中国普通护照和公务普通护照须申办签证后入境（旅游签证费30美元）。申办签证方式如下。

落地签证。中国公民持有效普通护照和公务普通护照可在到达柬埔寨空港国际口岸和陆路国际口岸后申办1次入境停留期30天的旅游签证和30天商务签证。具体提交材料：签证申请表（贴上1张近期证件照片）、护照（护照有效期6个月以上）、登机牌。请在签证申请表上选择旅游签证。

在柬埔寨驻华使领馆申办签证。中国公民持普通护照和公务普通护照赴柬，也可事先到柬驻华使领馆申办1次入境、3个月有效、停留期30天的旅游签证。自2017年9月1日起，中国公民可以在柬埔寨驻华领馆申请1年、2年或3年多次入境的旅游签证。目前，柬在北京设有使馆，在上海、广州、重庆、昆明、南宁、西安和香港设有总领事馆。

电子签证。中国公民持普通护照和公务普通护照赴柬也可在网上申请柬埔寨电子签证(E-VISA)，申办柬埔寨电子签证网址www.mfaic.gov.kh。

电子签证只能申办1次入境、3个月有效、停留期30天的旅游签证。

柬埔寨海关人员敲诈旅行者的事情仍有发生，在机场过关时会被海关官员索要原本没有的费用，但官方也在努力制止这类现象，如在窗口贴上"不收任何费用"的警示语等。万一遇到，应该据理力争或干脆不予理会。

拍照

建议不要拍摄军事设施和士兵。拍摄僧侣、山地部落和宗教仪式之前需征求同意，当别人摇头或者用手势拒绝您时，也应当尊重他人。

健康

提早向专门医疗机构寻求建议！我们建议接种（强化免疫）脊髓灰质炎、破伤风、白喉、伤寒和甲型肝炎（还有乙肝）和狂犬病疫苗。柬

货币换算

美元	瑞尔	瑞尔	美元
1	4 004	10 000	2.5
3	12 012	20 000	5
5	20 020	25 000	6.2
7	28 028	60 000	15
15	60 059	80 000	20
25	100 099	100 000	25
50	200 197	350 000	87.4
75	300 296	500 000	124.9
150	600 592	850 000	212.3

柬埔寨

埔寨除了金边，都是疟疾和登革热肆虐的区域（实际上，登革热在金边也一样肆虐）。疟疾预防片因其抗药性越来越难以起效，因此出门前应当涂好驱蚊剂，而且从傍晚到第二天早上，建议您穿长袖、浅色的衣服，并涂抹防护乳液，点蚊香、挂蚊帐以及准备急救药品［最好是阿托喹酮（Malarone）］。吃东西时也请注意：不要吃冰激凌、未剥皮的水果、沙拉、生蔬菜、（未煮沸的）自来水和圆柱形的冰块（工业生产中的冰块）。当地的药房和医院的医疗设施很差［除了金边和暹粒的国际SOS诊所（COOKliniken）］，备好一套配备齐全的急救药箱是非常必要的（包括一次性无菌注射器）。如果感染严重疾病，您应该马上回国，且一定要购买包含回程运输的国际保险。信息：@ www.dtg.org，@ www.fitfortravel.de

它们值多少钱

汤面	0.5~1美元 1份
吴哥啤酒	约1美元 1杯
按摩	6~20美元 1小时
围巾	0.7~1美元 1条高棉围巾
三轮车	约2~5美元 在金边1—2小时
上网	0.5美元 1小时

网络/WLAN

首都及全国各地的旅游中心都提供上网服务，而且几乎都是免费的［酒店、客房、购物中心、机场，甚至在海滩上或者在（可过夜的）大巴里例如湄公快线（Mekong Express）和巨人宜必思（Giant Ibis）都有网络，但是非常慢，建议使用预付卡］。网吧里每小时收费1美元（不到1小时也按1美元收费）。

衣物

以短裤、短袖为主，建议随身携带毛巾擦汗。雨季（5—10月）注意带伞。

气候/旅行时间

热带季风通常在4月、5月至10月降临柬埔寨，那段时间会有短暂且剧烈的暴雨。最佳旅行时间是比较凉快和干爽的11月至次年3月，这段时间的温度大约在28℃，但在山区（蒙多基里省），气温最低可以降到零上几度。最热的月份是4月，最高气温可达38℃，10月则是降雨最多的时候。

公共交通

巴士

长途大巴和迷你小巴（后者不推荐）每日从金边发车驶向全国。最好的巴士来自湄公快线（catmekongexpress.com）巴士公司，设备最新且拥有Wi-Fi和双层座椅的是巨人宜必思（www.giantibis.com）巴士公司，前往蒙多基里的

实用信息

金声（Kim Seng）大巴（约5小时车程）也值得一坐。大巴车票可在宾馆或者金边海滨大道（Riverside Promenade）办公室里买到，在104号路附近。不建议坐从暹粒到西哈努克市的夜间巴士（10~11小时车程，事故频发）。

飞机

金边和暹粒之间、西哈努克市与暹粒之间都有航线。对于陆上旅行和去临近国家旅行的旅客来说，飞机是最方便、最快捷和最安全的出行方式（尤其是国外航空公司提供的航班）。

租车

根据目的地和路况，城市内租车价格约为40~50美元/天，需要离开城市的租车价格约为70~80美元/天。自2014年起，柬埔寨的安飞士（Avis）（@ www.avis.com.kh）和柬埔寨租赁集团（Cambodia Rental Group）（@ www.cambodia.rentalgroup.com）提供价格约为每日80美元的租车服务。由于当地路况复杂且交通混乱，请一个司机是非常有必要的。去吴哥的旅行司机加租车的开销大约25美元，而金边之旅大约需要40~50美元。而省内的陆上路线大约需要70~80美元，但具体价格取决于旅行线路的长度、目的地和道路状况。

给自驾者的一些建议：从统计数据来看，虽然柬埔寨的人口不多，但柬埔寨交通事故死亡率排名世界前列。一部分道路是路况良好的高速公路，一部分道路则是坑坑洼洼的。一定要小心开车，"强者（卡车、公交车和豪车）至上"在这里是适用的。柬埔寨人经常忽视交通规则，所以无论如何都不要夜间开车（许多事故都发生在夜间时段，很多车不开车灯）。暹粒与西哈努克市不允许驾驶助力车，但是很多人都这么做，就算您打算这么做，也一定要记得戴头盔（约15美元）。

渡轮和快艇

在湄公河上负责交通运输的只有这些行驶时隆隆作响、时而还有些危险的快艇了。此外，您还可以乘坐快艇从金边经过洞里萨河到暹粒（5~7小时，不是很推荐）。在从暹粒到马德望的航线，您可以欣赏到秀丽的风景。而从金边出发穿过边境抵达越南朱笃（Chau Doc）的这条线路也非常美丽，这条线路每日都有几班渡轮从湄公河三角洲出发（约17美元）。更花钱的是到达朱笃后去维多利亚酒店（Victoria Hotel）的维多利亚精灵（Victoria Sprite，@ www.victoriahotels-asia.com，请先取得越南签证！）。

出租车、助力出租车、三轮助力车、三轮车

暹粒和金边有出租车服务（通常不打表，请事先协商好价格）。金边街头的交通十分混乱，您可以选择安全的三轮助力车或者三轮车（提前商议好价格，每一程通常是1.5~2美元）。租赁自行车的价格约为每日1美元，助力车则是4美元起（暹粒官方禁止）。

安全

目前这里的政治局势相对稳定。柏威夏寺附近曾爆发过激烈冲突，但

柬埔寨

早已平息。政府方面会尽量避免示威与政治事件。同时，在公路和湄公河上通常被认为是安全的。但在金边和西哈努克市中越来越多的人在人迹罕至的沙滩上被偷盗或是被抢劫。在金边参与节庆活动或者乘坐三轮车时，将您的包抱在胸前。在马德望和拜林省周围的某些偏远地区，比如柏威夏寺、荔枝山、贡开以及国家公园，您不应该离开官方指示的路径（这里可能还有地雷！），风险最高的是骑乘摩托车（绝不要忘记戴头盔）。📞 0 30 18 17 20 00 @ www.auswaertiges-amt.de

用电

柬埔寨的电压为220V，使用三角插头需转换器。因为可能会遇到断电，所以建议您带一个手电筒。

电话/手机

国内拨打柬埔寨当地座机电话，拨：0 08 55+去掉"0"后的区号+电话号码。柬埔寨当地手机都以0开头，从国外拨打柬埔寨手机时，拨0 08 55+去掉首位"0"后的手机号码。柬埔寨固定、移动电话资费较便宜，当地手机为单向收费。中国国内手机直接换插柬埔寨当地SIM卡即可使用。

小费

给导游、司机、服务员和房间人员小费是很常见的。遇到残疾乞丐（通常是地雷受害者），可以给一些钱，最好不要给小孩子钱，否则他们会不去上学，而且许多小孩子从属于职业乞丐组织。在寺庙仪式之后，向指定容器中放置小额捐款是很有必要的（还有一条对所有这些人都行得通的规则：每次给1 000瑞尔（约0.23美元）。请记住，他们的月工资都只有80美元左右）。

时差

柬埔寨属东七区，比北京时间晚1小时。

海关

前往柬埔寨入境时须填写海关申报单并交给海关官员，携带美元或其他外币入境无数额限制，但若等于或超过10 000美元则必须报关，否则再带出境时需要缴税。

柬海关规定，不可以携带文物或木材原材料出境。如遇爆发全球性或地区性传染病时，柬卫生官员会在口岸设仪器检查，到柬旅客则需填写卫生防疫单。

实用信息

暹粒天气

	1月	2月	3月	4月	5月	6月	7月	8月	9月	10月	11月	12月
日间气温（°C）	31	32	34	35	35	33	32	32	31	30	30	30
夜间气温（°C）	20	21	24	25	25	25	25	25	25	24	22	21
☀ 每天日照时长	9	9	9	8	7	6	6	6	5	7	8	9
☂ 每月降雨天数	1	2	4	7	16	18	19	19	19	17	9	3

☀ 每天日照时长　☂ 每月降雨天数

教你当地话

常用表达

是/不是（男性）	បាទ [bat]/ទេ [dee]
是/不是（女性）	ចាំ [djah]/ទេ [dee]
也许	ប្រហែល [proorheil]
没事/不用谢	សូមអញ្ជើញជើញ [som angchean]
谢谢	អរគុណ [orkun]
不好意思。	សូមអភ័យទោស! [som apeituch]
能再说一遍吗?	អត់ទោស? [odtuch]
我（不）懂。	ខ្ញុំយល់ [khniom yul] (ខ្ញុំមិនយល់ទេ [khniom men yul doo])
您能帮帮我吗?	តើលោកអាចជួយខ្ញុំបានទេ? [daal lok at chui khniom ban reuo dee]
这是什么?	នេះជាអ្វីនឹង? [nich chear avey neng]
我（不）想要……	ខ្ញុំចង់បាន [khniom chom ban] (ខ្ញុំអត់ចង់ [khniom ot chom ban dee])
我（不）喜欢这个。	ខ្ញុំពេញចិត្ត [khniom bing chet]/ខ្ញុំមិនពេញចិត្តទេ [khniom men bing chet dee]
您有……?	តើលោកមាន? [daal lok mean]
……多少钱?	តើថ្លៃប៉ុន្មាន? [daal tley bonmaan]
几点了?	តើម៉ោងប៉ុន្មានហើយ? [daal maung bonman hay]

问候/告别

早上好/晚安!	សួស្តី! [sursday]/រាត្រីសួស្តី! [reatrey sursday]
您好！/日安!	ជំរាបសួរ! [djum reap sue]/ជំរាបលា! [djum reap lear]
再见!（对一位……） ……年老/年轻男性 ……年老/年轻女性	លោកបុរស [look bros]/បអូនបុរស[bo ohn bros] អ្នកស្រី [nerk srey]/បអូនស្រី[bo ohn srey]
您/您过得怎样?	តើលោកសុខសប្បាយជាទេ? [daal look sok sabay chir dee]
我叫……	ខ្ញុំឈ្មោះ [khniom dschmo]
见到您我很高兴!	ខ្ញុំរីករាយណាស់ដែលបានស្គាល់លោក! [khniom rick reay naach deil ban skool look]
再见!	ខ្ញុំលាសិនហើយ! [khniom lear sen hay]
一会见!	ជួបគ្នានៅពេលក្រោយទៀត! [chup knear bon text teat]

您会说高棉语吗?
这里有重要的常用词汇和表达方式。

在路上

左/右	ឆ្វេង [tschweeng]/ស្ដាំ [sdam]
直走	ត្រង់ [trang]
近/远	ទៅកាន់ [dou kaann]/ឆ្ងាយ [tschngay]
请问,……在哪儿?	សូមអភ័យទោស តើ … នៅទីណា? [som apey tuch daal … nou di na]
主火车站	ស្ថានីយរថភ្លើង [satanyrotpleung]
机场	ព្រលានយន្តហោះ [broo lean jounhoh]
宾馆	សណ្ឋាគារ [son tha kear]
我想要租……	ខ្ញុំចង់ជួល… [khniom chang chul…]
自行车	កង់ [kong]
汽车	ឡាន [laan]
出租车	តាក់ស៊ី [taxi]
多远?	តើចំងាយប៉ុន្មានដែល? [daal chomgay bonmaan deil]
意外	គ្រោះថ្នាក់ [kru thanak]
求救!	ជួយផង! [chui pang!]
注意!/小心!	សេចក្ដីប្រយ័ត្ន [satkdei Prooyat]/ប្រុងប្រយ័ត្ន [Prog Prooyat]
赶紧喊……	សូមស្រែកហៅ … អោយឮៗ [Som Look hao … auv löan]
……一位医生	គ្រូពេទ្យ [krou päd]
……一辆救护车	ឡានពេទ្យ [laan päd]
……警察	ប៉ូលីស [laan police]
……救火车	ឡានទឹក [laan teug]
您有绷带吗?	តើលោកមានបង់រុំរបួស? [daal look mean broodab rom roboos]
这是我/您的问题。	នេះគឺជាកំហុសរបស់ខ្ញុំ [nich chea kom hohroboh khniom]/របស់លោក [roboh look]
请您给我您的名字和地址。	សូមលោកប្រគល់មកខ្ញុំ ឈ្មោះរបស់លោកនឹង អស័យដ្ឋានរបស់លោក [som look broo kuol mok khniom dschmo robos look neug aseyathan robos look]

柬埔寨

美食

请问这里哪里有好的餐厅？	តើទីនេះមាន ភោជនីយដ្ឋានល្អដែរឬទេ?	[daal di nich mean pochaniyathan laor deil reuo dee]
请您为我们今晚预订一张四人餐桌。	សូមលោកទុកបំរុងសំរាប់យើងពេលយប់នេះ កុម្មួយសំរាប់គុមាបួននាក់	[som look duk bom rong somramb yeu bel lagnearg nich dok mui somramb knear bun neak]
上您们最好的！	ដើម្បីសុខភាពរបស់លោកអ្នក!	[deumbey sokhapheap robos look neak]
这一餐非常棒。	ម្ហូបនេះឆ្ងាញ់ណាស់	[mahoum nich tchnang nas]
我想要结账。	សូមមេត្តាគិតលុយ	[som meta keat loy]

购物

我正在找……	តើនីណាខ្ញុំរកឃើញ?	[daal dina khniom rok kheung]
药店	ឱសថស្ថាន/ហ្វាម៉ាស៊ី	[pharmacie]
照相馆	សំការៈរូបថត	[sompearak rugtord]
面包房	ហាងលក់នំប័ង	[hang louk num bang]
杂货店	ហាងលក់ម្ហូបអាហារ	[hang louk mahomb aha]
购物中心/商店	ហាងលក់ទំនិញ	[hang louk tum ning]
市场	ផ្សារ	[phsar]
这个购物中心什么时候开门/关门？	តើហាងលក់ទំនិញបើកទ្វារពេលណា?	[daal hang louk tum ning bat twear beana]
这个多少钱？	តើរបស់នេះតម្លៃប៉ុន្មាន?	[daal robos nich thley bonmaan]

住宿

有什么值得推荐的么？	តើលោកអាចប្រាប់ខ្ញុំ?	[daal look aath brab khniom]
宾馆	សណ្ឋាគារ	[sonthakear]
食宿全包	ផ្ទះសំណាក់	[pter somnak]
您还有……吗？	តើលោកនៅមាន...?	[daal look nou mean]
单人间	បន្ទប់មួយនេះដែរឬទេ	[bontub mui tomnee reuo dee]
双人间	បន្ទប់មួយគូរពើរទំនេរឬទេ	[bontub mui kreebi tomnee reuo dee]
过一夜	សំរាប់មួយយប់	[somrab mui youb]
过一周	សំរាប់មួយសប្ដាហ៍	[somrab mui sabada]
这个房间多少钱？	តើបន្ទប់នេះតំលៃប៉ុន្មាន?	[daal bontub nich domley bonmaan]
带淋浴/浴缸	ជាមួយបន្ទប់ទឹក	[chea mui bontub dek]
带早餐	ជាមួយស្រស់ស្រូបពេលព្រឹក	[cheamui srossrob beprek]
半食宿	ជាមួយស្រស់ស្របពេលព្រឹកនឹងពាលថ្ងៃត្រង់	[cheamui srossrob betgeitrong]

教你当地话

实用信息

中文	高棉文	拼音
医生	គ្រូពេទ្យ	[krou päd]
能给我推荐一位医生吗?	តើលោកអាចរកគ្រូពេទ្យអោយខ្ញុំបានទេ?	[daal look aath rok krou päd aui khniom ban reuo dee]
我患上了……	ខ្ញុំ	[khniom]
发烧	ក្ដៅខ្លួន	[kdau khlun]
腹泻	ចុះរាក	[cho reak]
头疼	ឈឺក្បាល	[cheuv kbal]
牙疼	ឈឺធ្មេញ	[cheuv thming]
银行	ធនាគារ	[thornear kear]
您能和我说说,哪儿……	លោកអាចប្រាប់ខ្ញុំបានទេ?	[daal look aath brab khniom ban reuo dee]
……有银行?	...គឺធនាគារនៅទីណា?	[daal thornearkear nou dina]
……有兑汇处?	...គឺកន្លែងដូរប្រាក់នៅទីណា?	[daal konthley doo-prak nou dina]
邮局	ប្រៃសណីយ៍	[breysany]
……多少钱?	គឺតំលៃប៉ុន្មាន?	[daal domley bonmaan]
一封信……	សំបុត្រមួយ	[sombot mui]
一张明信片……	កាតមួយ	[kat mui]

数字

0	សូន្យ [soon]		18	ដប់ប្រាំបី [dob bram bey]
1	មួយ [mui]		19	ដប់ប្រាំបួន [dob bram bun]
2	ពី [bi]		20	ម្ភៃ [mophey]
3	បី [bey]		21	ម្ភៃមួយ [mophey mui]
4	បួន [bun]		22	ម្ភៃពី [mophey bi]
5	ប្រាំ [bram]		30	សាមសិប [samseb]
6	ប្រាំមួយ [bram mui]		40	សែសិប [saäseb]
7	ប្រាំពី [bram bi]		50	ហាសិប [haseb]
8	ប្រាំបី [bram bey]		60	ហុកសិប [hokseb]
9	ប្រាំបួន [bram bun]		70	ចិតសិប [chetseb]
10	ដប់ [dob]		80	ប៉ែតសិប [petseb]
11	ដប់មួយ [dob mui]		90	កៅសិប [kavseb]
12	ដប់ពី [dob bi]		100	មួយរយ [mui rooy]
13	ដប់បី [dob bey]		1000	មួយពាន់ [mui poan]
14	ដប់បួន [dob bun]		10000	មួយមឺន [mui mön]
15	ដប់ប្រាំ [dob bram]		1/2	មួយភាគពី [mui paek bi]
16	ដប់ប្រាំមួយ [dob bram mui]		1/4	មួយភាគបួន [mui paek bun]
17	ដប់ប្រាំពី [dob bram bi]			

索引

Andoung Tuek Waterfall 安东-吞克瀑布 55
Angkor 吴哥 12、22、56、57
Angkor National Museum 吴哥国家博物馆，暹粒 72
Angkor Night Market 吴哥夜市 75
Angkor Thom 吴哥城 57、59、60
Angkor Wat 吴哥窟 12、17、23、57、58、59、60、100、114
Anlong Cheuteal 安龙出塔 89、95
Anlong Svay 安龙柴 89
Bakong 巴孔寺 66
Bamboo Train 竹火车 68
Ban Lung 班隆 83、85、99
Banteay Kdei 斑黛喀蒂寺 59、63
Banteay Srei 班蒂斯蕾（女王宫）59、63
Banteay Srei Butterfly Farm 班蒂斯蕾蝴蝶农场 64
Baphuon 巴普昂寺 60
Baray 巴莱 105
Battambang 马德望 67、69、70、71、100、110、114、115、125、126
Bayon 巴戎寺 57、58、59、60
Beng Mealea 奔密列 59、64、104、107
Bogenbrücke Speam Prap Tos 宾帕多拱桥 107
Bokor Nationalpark 波哥山国家公园 33、36、103、115
Bou Sra Waterfall 伯斯拉瀑布 91、98
Brou 布鲁 85
Buddha Factory Village Kakaoh 佛教工厂村 106
Cambodian Cultural Village 柬埔寨文化村 72
Cardamom Berge 豆蔻山脉 54、102、103、115
Cha Ong Waterfall 查恩瀑布 87
Chong Khneas 崇可纳斯 80
Damrei Phong 达美彭 89
Dom Kalor 克洛教堂 95
Eisey Patamak 艾希帕塔玛柯 87
Elefantengebirge 象山山脉 36
Elephant Valley Project 象谷保护区 92
Independence Beach 独立海滩 51
Jarai 嘉莱 85
Kachang Waterfall 卡昌瀑布 87、99
Kampong Cham 磅湛 115
Kampong Khleang 磅清扬 81
Kampong Phluk 磅普克 81

Kampong Thom 磅同 106、107
Kampong Trach 磅德拉 115
Kampot 贡布 33、35、101、115
Katae 卡塔 86
Katieng Waterfall 卡天瀑布 87
Kbal Spean 高布斯滨 64、65
Kbal Chhay Waterfall 科保柴瀑布 54
Kep 白马市 32、37、103、114
Khmer Loeu 高棉卢乌族 10、83
Khone Phapheng Waterfall 孔恩瀑布 95、99
Kirirom Nationalpark 基里隆国家公园 102、115
Ko Por Waterfall 可珀瀑布 54
Koh Dek Koul 德库岛 49
Koh Ker 贡开 59、63、96、100
Koh Kong 戈公岛 54、102、115
Koh Krouch 格罗奇乌岛 89
Koh Phdau 皮达乌乌岛 89、90
Koh Pos 珀斯岛 38
Koh Rong 龙岛 50
Koh Rong Samloern 高龙撒冷岛 14、50、115
Koh Russei 如瑟岛 49
Koh Saran 萨兰岛 38
Koh Ses 阁塞岛 55
Koh Svay 柴岛 38
Koh Ta Kiev 达盖岛 50、101
Koh Tan 潭岛 50
Koh Tang 通岛 115
Koh Thmei 特梅岛 55
Koh Tonsay 兔子岛 38
Koh Trong 荣岛 88
Koh Poi River 科波伊河 54
Koh S'dach Archipelago 柯斯达赫群岛 115
Königliche Villen 皇家别墅 37
Krala 克纳拉 86
Kratie 桔井 82、88、99
La En Kraen 拉恩卡 86
Mekong 湄公河 11、16、17、24、32、35、41、44、45、82、94、95、97、99、114、119
Mekong Blue 湄公蓝 95
Minen Museum 采矿博物馆 65
Mondulkiri 蒙多基里 10、82、92、116
Mondulkiri Forest 蒙多基里森林 93

在此可查询书中涉及的重要地名和景点,后附相关页码。

National Museum 国家博物馆 40、108
Ochheuteal Beach 奥克提尔海滩 49、51
Otres Beach 欧特斯海滩 51
O'Chbar River 欧池坝河 93
Pailin 拜林省 30、126
Peam Krasaop Wildlife Sanctuary 边格罗索野生动物保护区 54
Phare Ponleu Selpak(Zirkusschule),Battambang 帕楼西帕克(马戏学校)68
Phnom Bakheng 巴肯寺 58、61、63
Phnom Banan 农南巴山 70、71
Phnom Bong Khouy 博孔山 95
Phnom Chisor 奇梳山寺 104
Phnom Da 达庙 103
Phnom Kep 白马山 39
Phnom Krapeu 卡如山 70
Phnom Krom 荣寺 59、80
Phnom Kulen 荔枝山 58、64、65、126
Phnom Penh 金边 9、16、17、18、19、25、30、32、40、96、97、101、102、103、104、105、108、110、113、114、115、116、117、118
Phnom Proh 布罗山 97
Phnom Sampeau 三破山 70
Phnom Santuk 桑图科山 106
Phnom Sor 梭山 40
Phnom Tamao Zoological Garden 塔茅山动物园 104、116
Phnom Yak Youk 亚科约克山 87
Phnong 扶农族 91、92
Phnong Dorf Putang 普唐扶农族村 92
Phsar Thmay 中央市场 21、43
Phsar Tuol Tom Pong 俄罗斯市场 43
Phu Quoc 富国岛 37、38
Pich Nil Pass 皮驰尼 102
Popok Vil Waterfall 泼泼克威瀑布 37
Pre Rup 比粒寺 59
Preah Khan 圣剑寺 62
Preah Ko 可寺 66
Preah Vihear 柏威夏寺 63、66、100
Preak Reak River 皮克瑞克河 55
Prek Toal 皮克鹿 68、80

Putang 普唐 98
Ratanakiri 腊塔纳基里省 10、19、82、83、85、99、114、116
Ream Nationalpark 瑞姆国家公园 21、54
Roluos Group 罗洛聚落 66
Sambor Prei Kuk 三波坡雷古 104、106
Sangker River 桑岐河 67、68、71、72
Santuk Seidenfarm 桑图科丝绸农场 106
Sekong 公河 93、94
Sen Monorom 森莫诺隆 90、92、93、98、99、114
Serendipity Beach 珍宝海滩 51
Siem Reap 暹粒 14、16、17、18、19、20、21、30、31、56、57、58、67、70、71、100、104、107、112、113、114、115、117、123、124、125
Sihanoukville 西哈努克市 14、21、32、49、101、114、115、116
Skun 斯昆 97、105
Sras Srang 皇家浴池 59
Srepok River Discovery Trail 西伯克河发现之旅 93、98
Srepok Wilderness 西伯克荒野 93
Stung Treng 上丁 17、82、93、94、99
Sunsetcruise 日落巡航 44
Ta Keo 茶胶寺 62
Ta Prohm 塔布茏寺 57、58、59、63、107
Ta Som 塔逊寺 59
Ta Tai Waterfall 塔太瀑布 54
Takeo 茶胶 103、104、115
Tampuan 坦坡族 86、87
Tampuan Grave 坦坡族墓地 86
Tek Chhouu Rapids 图超急流 35
Tek Chhouu Waterfall 图超瀑布 37
Tonle Sap River 洞里萨河 12、18、32、40、44、45、81、118、119、125
Tonle Sap Lake 洞里萨湖 12、19、24、40、56、68、81、107、114、118、119
Trapang Sangke Village 塔磅桑克村 110
Udong 乌栋 101
Victory Beach 胜利海滩 51
Virachey Nationalpark 维罗杰国家公园 83、87、

133

柬埔寨

99、115
Wat Bo 波寺 73
Wat Khat Takyaram 卡塔亚兰寺 94
Wat Kirisan 基利兰寺 40
Wat Phnom 塔山寺 41
Wat Preah Ang Thom 佩安托姆寺 65
Wat Roka Kandal 罗塔坎达寺 88

Wat Sambok 桑播客寺 16、89、90
Wat Sambour 桑波寺 16、90、99
Weingut Prasat Phnom Banan 帕撒塔磅农南巴酒庄 71
West Mebon Tempel 西梅奔寺 67
West Baray 西巴莱 67
Yaklom Lake 雅克罗姆湖 87

图片来源

封面图片: 吴哥窟（Getty Images/Image Bank: G. Allison）

图　　片: Courtesy of KlapYaHandz（P.20中）; Ecole d'Hôtellerie et de Tourisme Paul Dubrule（P.21中）; huber-images: J. Banks（P.58）, N. Huber（P.10/11）, Jones（P.3）, G. Simeone（P.64）, R. Suzy（P.66/67）Keith Levit（P.20上）; mauritius images: Flüeler（P.83/84）; mauritius images/Alamy（P.5、14、17、19、21上、24、26/27、36、41、46、47、61、62、84、86、89、90、92、95、96/97、99、100、111）; mauritiusimages/Imagebroker: J. Beck（P.18）, O. Stadler（P.52）; mauritius images/Photononstop（P.28右、73、78）; M. Miethig（P.5右）; Project AWARE Foundation（P.20下）; O. Stadler（封二右、P.6上、28左、30/31、32/33、50/51、76、77、81、112/113、114/115、118、119上、121）; M.Thomas（6下、8/9、22/23、29、42、66、68、103、106、116、116/117）; M. Weigt（封二、P.12、15、16、25、34、38、44、55、69、71、117、118、118/119、122下）; Henn Photography（P.13）

本书地图系原版书地图

禁忌事项

威胁千年文化遗产

请遵守摄影禁令以及警示标语,以保护柬埔寨的文化遗产。在吴哥或者其他遗址的砂岩艺术作品前,请不要尝试爬上去、靠在上面或者触摸任何东西。它们每日都被这样破坏上千遍!请不要购买真正的古董艺术品和古董日用品来装点您的卧室。

半裸出门

请尊重当地习俗。柬埔寨盛行佛教,人们普遍非常保守。拜访庙宇时请先脱下鞋子、摘掉帽子,而且您(无论男女)也不应该穿迷你裙、背心或者短裤进入寺庙。女性不能触碰僧侣。请不要裸体晒日光浴!在西哈努克市的海滩上穿比基尼是没问题的,但在其他地方(比如河流、湖泊、瀑布或者渔村附近),游客应该穿T恤或者短裤。

独自走夜路

您不应该在晚上独自外出(没有路灯,家家户户都有狗,而且大多数都很凶)。女士就更不应该在晚上到沙滩上独自散步。

给小孩钱

就算乞讨的孩子们亮闪闪的大眼睛里透着可怜,也不要给钱,他们通常是职业乞丐。如果您有捐款的意向,不如把钱捐给慈善机构,去参观组织街头儿童培训的教育餐馆(如金边的朋友餐馆),或者是由一对夫妇(一位是德国人,一位是柬埔寨人)在暹粒开办的孤儿院(@ www.kinderdorfkambodscha.de)。请注意:只去官方承认的地点,不要听信三轮车司机的"推荐",他们带您去到一些非官方的"孤儿院"里,最终您付的钱都会被他们瓜分掉,这是利用穷苦儿童的最新骗术。另外,您还可以在人道主义商店买东西,例如西哈努克市的柬埔寨儿童绘画项目(Cambodian Children Painting Project, CCPP)的作品。还有一些非政府组织的网站:@ www.friendsinternational.org,www.sangkheum.org(儿童中心),www.malteserspenden.de(马耳他援助服务,极佳的儿童宣传册:叟瑟迪说您好(Sousdei heißt hallo)。

购买毒品

请千万不要碰大麻、雅巴(jaba)、快乐草药比萨(译者注:当地一种加了大麻的比萨,吃了会让人产生幻觉)、海洛因、可卡因以及其他任何毒品。